El secreto
de los moáis

Miguel Ángel Rincón Gafo

Edi
numen

Lecturas en español de
ENIGMA Y MISTERIO

Miguel Ángel Rincón es licenciado en Teoría de la Literatura y Literaturas Comparadas. Ha impartido clases de español como lengua extranjera en el Instituto Cervantes de Dublín y en distintas instituciones privadas tanto en España como en Chile. Desde el año 2000 hace compatible su tarea docente con su trabajo como escritor y periodista especializado en viajes, vinos y gastronomía.

© Editorial Edinumen, 2010
© Miguel Ángel Rincón Gafo

ISBN: 978-84-9848-234-8 (con CD)
ISBN: 978-84-9848-233-1
Depósito Legal: M-9656-2017
Impreso en España
Printed in Spain

Coordinación de la colección: Manuel Rebollar
Edición: David Isa

Diseño de portada: Juanjo López
Diseño y maquetación: Ana Gil
Ilustraciones: Carlos Yllana
Fotografías: Archivo Edinumen, Gerzo Gallardo (pág. 34)

Impresión:
Gráficas Glodami. Coslada (Madrid)

1.ª edición: 2010
2.ª impresión: 2011
3.ª impresión: 2013
4.ª impresión: 2014
5.ª impresión: 2017

Editorial Edinumen
José Celestino Mutis, 4. 28028 - Madrid
Teléfono: 91 308 51 42
Fax: 91 319 93 09
e-mail: edinumen@edinumen.es
www.edinumen.es

Índice

ANTES DE LA LECTURA

1. *El secreto de los moáis* transcurre entre la capital de Chile y la Isla de Pascua. Escribe cinco nombres de cosas, personas o accidentes geográficos que conoces de Chile y compáralos con los elegidos por tus compañeros.

    1. ....
    2. ....
    3. ....
    4. ....
    5. ....

2. ¿Qué sabes de la Isla de Pascua? ¿Y de los moáis? Infórmate en:

    ☞ http://www.museorapanui.cl/Inicio/

    ☞ http://www.educarchile.cl/Portal.Base/Web/VerContenido.aspx?GUID=123.456.789.000&ID=130459

3. ¿Te gustaría viajar a la Isla de Pascua? Escribe la razón principal por la que lo harías. Justifica tu respuesta.

    ....
    ....
    ....
    ....
    ....
    ....
    ....
    ....
    ....

4. El título de esta novela es *El secreto de los moáis*. Imagina el argumento de la historia que vas a leer y compártelo con tus compañeros.

5. Utiliza el mapa de Isla de Pascua que te ofrecemos a continuación y la información que has obtenido en Internet para hacer una descripción breve de la isla.

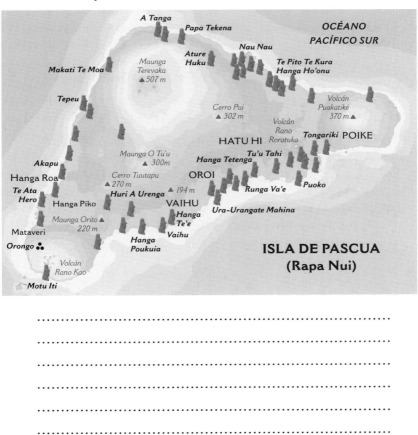

A Tanga
Papa Tekena
OCÉANO
PACÍFICO SUR
Nau Nau
Ature Huku
Maunga Terevaka
▲507 m
Makati Te Moa
Te Pito Te Kura
Hanga Ho'onu
Tepeu
Cerro Pui
▲ 302 m
Volcán
Puakatiké
370 m ▲
Volcán Rano Roratuka
HATU HI
Tongariki POIKE
Maunga O Tu'u
▲ 300m
Tu'u Tahi
Akapu
Hanga Tetenga
Hanga Roa
Cerro Tuutapu
▲270 m
OROI
Te Ata Hero
Huri A Urenga
▲ 194 m
Runga Va'e
Puoko
Hanga Piko
VAIHU
Maunga Orito ▲
220 m
Hanga Te'e
Ura-Urangate Mahina
Mataveri
Orongo
Hanga Poukuia
Vaihu
ISLA DE PASCUA
(Rapa Nui)
Volcán Rano Kao
Motu Iti

....
....
....
....
....
....

I

RIKKE y Álex se conocieron en Santiago de Chile. Era un día de diciembre y el sol hacía brillar las cumbres nevadas de la Cordillera de los Andes al tiempo que anunciaba la llegada del verano austral. Ambos participaban en unas jornadas sobre la Isla de Pascua organizadas por Marcela Wiesethal, una célebre arqueóloga chilena que acababa de publicar su particular teoría sobre el origen de los moáis, esos enigmáticos **colosos** de piedra que pueblan la isla de **Rapa Nui**.

El aula donde Marcela Wiesenthal **impartía** su seminario en la facultad de Historia de la Universidad de Chile era pequeña, aunque suficiente para los escasos asistentes a su última charla después de dos días de conferencias. Marcela Wiesenthal tenía unos cincuenta años, la piel clara tostada por el sol y el rostro redondeado. Afirmaba que había sido el primer rey de Rapa Nui, el mítico Hotu Matua, quien inspiró la construcción de aquellas estatuas que comenzaron a **erigirse** durante su reinado, allá por el año 1100 de nuestra era, y que todavía hoy intrigaban a los científicos del mundo entero.

Sus explicaciones, justificadas con datos, con imágenes proyectadas en *power point*, incluso con fórmulas matemáticas, eran absolutamente racionalistas, tanto que cuando Álex, ya casi al final de la conferencia, se decidió a formular la pregunta que llevaba dos horas deseando hacer, sus palabras sonaron tan inapropiadas como un **soplido** de trompeta en un concierto de piano:

Coloso: estatua gigante.
Rapa Nui: nombre indígena por el que se conoce a la Isla de Pascua.
Impartir: dar clase.
Erigir: poner en pie, levantar.
Soplido: expulsión violenta de aire por la boca.

—Entonces, ¿rechaza usted absolutamente la teoría que dice que los constructores de los moáis recibieron ayuda extraterrestre? —interrumpió a la investigadora provocando un **murmullo** de desaprobación general.

—Por supuesto —afirmó la profesora—. Pude comprobar durante mis investigaciones la evolución de los moáis desde que empezaron a construirse hasta que un periodo de guerras entre tribus, que debió tener lugar durante el siglo XVII, **devastó** la isla y puso fin a su **edificación**, pero nunca vi huellas en Rapa Nui —terminó su frase sonriendo— de ninguna nave espacial.

Aquella respuesta provocó la risa de varios estudiantes, entre ellos de Rikke, que estaba sentada delante de Álex y se giró sobre su asiento para mirar al culpable de tan absurda pregunta antes de apuntar, en un tono de voz que toda la clase pudo escuchar:

—Al parecer no todos los que estamos aquí somos científicos.

—Todos lo somos —se defendió Álex—, pero existen misterios que ni siquiera la ciencia es capaz de resolver.

Marcela Wiesenthal quiso ampliar el debate a otros alumnos:

—¿Alguien más quiere exponer su opinión sobre este asunto? —preguntó—. ¿Qué opina usted, por ejemplo? —dirigió su pregunta a un hombre de unos treinta años, vestido con un traje gris arrugado y viejo, que permanecía recostado en su silla sin prestar demasiada atención a lo que se discutía en la clase.

—¿Quién, yo? —contestó aquel hombre incorporándose **de mala gana** y torciendo los labios en un gesto antipático—. Yo no opino nada.

—Perdone, ¿cómo se llama usted? —le interrogó de nuevo Wiesenthal, molesta por lo **descortés** de la contestación.

Murmullo: ruido que producen muchas personas hablando al mismo tiempo.
Devastar: destruir un lugar, sus edificios y sus tierras.
Edificación: construcción.
De mala gana: sin ganas de hacerlo.
Descortés: sin cortesía, con mala educación.

—Mauricio Rojas.

—Y, dígame, señor Rojas, ¿por qué razón asiste a un seminario como este alguien a quien no le interesa saber si los moáis los construyeron los **súbditos** y descendientes del primer rey de Rapa Nui o los extraterrestres venidos de otro planeta?

Mauricio Rojas hizo una **mueca** de indiferencia.

—Tengo mis razones —afirmó enigmáticamente.

En ese punto se aproximó a la doctora Wiesenthal su ayudante personal, un nativo de la Isla de Pascua llamado Make Make que trabajaba con ella y había permanecido sentado en la primera fila hasta ese momento. Después de acercarse a la arqueóloga, le **susurró** algo al oído y ella inmediatamente puso fin a su charla con una última frase que marcaría el futuro inmediato de Álex y Rikke.

—Mi ayudante me dice que tenemos que abandonar el aula porque se nos terminó el tiempo, pero quiero decirles algo antes de acabar. Existe un misterio en Rapa Nui que ninguno de los historiadores y arqueólogos que le dedicamos nuestra vida pudimos desvelar hasta ahora. En esa isla solitaria, perdida en medio del océano, hay todavía una clave por descifrar, un secreto que puede explicarlo todo y se esconde en el lenguaje oculto de las **tablillas** escritas en *rongo rongo*. **Ojalá** sea alguno de ustedes quien lo descifre. Pero si lo intentan, tengan cuidado. Puede resultar peligroso arrojar luz sobre un misterio que desea mantenerse en la sombra.

Súbdito: persona sometida a una autoridad superior, de un rey, de una iglesia, de un estado.

Mueca: gesto que se hace con la cara para demostrar aburrimiento, desprecio, burla, etc.

Susurrar: hablar en un tono de voz muy suave.

Tablilla: tabla de madera pequeña.

Rongo rongo: lenguaje en el que están escritas con símbolos desconocidos sesenta y nueve tablillas descubiertas en la Isla de Pascua que nadie ha podido traducir. Se supone que cuentan las tradiciones de los antiguos habitantes de Rapa Nui. Puedes verlo en la parte superior de cada página.

Ojalá + subjuntivo: esta construcción y otras similares (*Deseo que/Espero que + subjuntivo*) expresan un deseo de futuro.

II

RIKKE era una joven arqueóloga danesa de veintinueve años, con el cabello muy claro y unos ojos grises casi transparentes. Había llegado a Santiago de Chile seis meses antes desde Perú, donde había dedicado los últimos años a estudiar la cultura inca. Era una científica seria, amante de los datos exactos y enemiga de toda explicación sobrenatural acerca de los fenómenos históricos más difíciles de explicar. Por eso, cuando Álex se aproximó a ella a la salida de la conferencia de la doctora Wiesenthal, su primera reacción fue un gesto de **fastidio**. Aquel **charlatán** que creía en los **ovnis** podía tener pocas cosas interesantes que compartir con ella.

—Sé que mi intervención en la conferencia no ha sido una buena tarjeta de presentación, pero me gustaría preguntarte un par de cosas —dijo Álex.

—¿Qué quieres saber? —contestó ella sin demasiado interés.

—¿Estás en Santiago de Chile para quedarte aquí o tienes pensado viajar a Isla de Pascua?

—No entiendo por qué puede importarte.

—Porque yo voy a ir, y si tú estás pensando en hacer lo mismo creo que podríamos viajar juntos. Quizás compartiendo nuestros conocimientos podríamos revelar las claves de ese enigma del que hablaba la doctora Wiesenthal.

Fastidio: desagrado, aburrimiento.
Charlatán, -ana: persona que habla mucho y sin pensar en lo que dice.
Ovni: nave espacial. Son las siglas de "Objeto Volador No Identificado".

Álex y Rikke hablando a la salida de la universidad.

—Yo no necesito a un cazador de marcianos para viajar a mi lado —contestó Rikke en un tono desafiante.

—Yo no soy un cazador de marcianos. Soy un detective de la historia —respondió Álex con una sonrisa—. Soy español y abandoné mis estudios de antropología antes de finalizarlos, cuando me enamoré de la historia africana. Desde entonces vivo investigando el pasado de aquel continente y publicando el resultado de mis **pesquisas** en mi *blog* y en revistas de todo tipo. Algunas de esas revistas son serias y me exigen artículos muy científicos, pero otras son de entretenimiento y solo les interesan las teorías más alocadas acerca de mis **hallazgos**. Por eso algunas veces hago preguntas extrañas acerca de los extraterrestres.

—¿Y qué tiene que ver África con la Isla de Pascua? —preguntó Rikke.

—Eso me gustaría saber a mí —respondió él—. Hay extraños parecidos entre las **construcciones ceremoniales** de Rapa Nui y las de otras culturas muy lejanas, como la egipcia, que no consigo explicarme.

—Está bien —interrumpió la conversación la danesa—, tienes una vida muy interesante, pero sigo sin comprender por qué razón debería yo ir contigo a Rapa Nui. Y, además, lo siento, pero me esperan unos amigos en casa para comer. Tengo que dejarte. **Espero que** tengas suerte en tu viaje y encuentres lo que estás buscando, aunque ya no sé si son huellas de los antiguos egipcios o una pista de aterrizaje para naves espaciales.

—De acuerdo. Perdona por haberte molestado. —Álex extendió su mano para **estrechar** la que ella le ofrecía formalmente—. Pensé que podía interesarte saber que la fotógrafa que debía venir conmigo enfermó y va a tener que quedarse en el hospital aquí, en Santiago. Creí que su billete de avión podría interesarte, pero ya veo que no es así —dijo dándose la vuelta y comenzando a alejarse de Rikke en dirección a la Alameda, la inmensa avenida que cruza la capital de Chile justo enfrente de la universidad.

Pesquisa: investigación, casi siempre en un contexto relacionado con el periodismo o lo policiaco.

Hallazgo: descubrimiento.

Construcciones ceremoniales: edificios construidos con fines religiosos.

Espero que + subjuntivo: indica una posibilidad o un deseo para el futuro.

Estrechar (la mano): dar la mano, como saludo o como despedida.

–¿Tienes un billete ya pagado? –reaccionó inmediatamente Rikke levantando ligeramente la voz, consciente de lo caros que eran esos pasajes.

–Sí, lo tengo –contestó Álex sin dejar de caminar y sonriendo mientras se alejaba cada vez más–. Pero ahora tendrás que ganártelo. Te espero esta noche en el bar Liguria de la calle Manuel Montt. ¡A las ocho! –gritó para hacerse oír entre el ruido de las **micros** y los coches mientras se perdía en la multitud que salía a esa hora de las oficinas próximas para ir a **almorzar**.

Rikke no pudo decir nada más. Álex estaba ya demasiado lejos y había dejado de mirarla. Se quedó parada, hizo un gesto de mal humor y se dio la vuelta para caminar hacia su casa. A lo mejor aquel tipo no era tan tonto como le había parecido en un primer momento. O tal vez sí lo era, pero a Rikke había dejado de importarle. Si él tenía un pasaje de avión para Isla de Pascua, ella estaría esa noche en el lugar y a la hora indicada. Al girar sobre sí misma mientras tomaba esa decisión **estuvo a punto de tropezar** con Make Make, el ayudante de la doctora Wiesenthal, que pasaba en ese momento a su lado.

–Perdone –se disculpó, reconociéndolo, al tiempo que le dedicaba un saludo.

Pero el **pascuense** pareció no reconocerla a ella y continuó su camino sin hacer caso de la disculpa. Rikke no podía imaginar entonces que volvería a encontrarse con aquel hombre silencioso en un futuro muy próximo.

Micros: nombre con el que popularmente se conocen a los autobuses urbanos de Santiago de Chile.

Almorzar: en los países de la América de habla hispana la comida del mediodía recibe el nombre de almuerzo, de ahí el verbo almorzar. En español de España su nombre es comida.

Estar a punto de: estar en una situación en la que casi haces algo, sin haberlo hecho todavía.

Tropezar: dar con los pies en un obstáculo al caminar con peligro de caer.

Pascuense: natural de la Isla de Pascua.

III

AQUELLA noche, en el Liguria, Rikke y Álex descubrieron que a ambos les interesaban prácticamente las mismas cosas de Isla de Pascua. Álex había llegado el primero y se había sentado en una mesa de la terraza del bar. Rikke lo hizo cinco minutos después. Pidieron dos cervezas.

—Todavía no sé por qué quieres ir a Isla de Pascua —inició la conversación Álex mientras esperaban sus cervezas.

—Tengo la teoría —dijo ella— de que los incas habitaron en Rapa Nui. Creo que llegaron allí en barcos fabricados con **caña** y que convivieron con los primeros habitantes de la isla, los constructores de los moáis. Sé que hay edificaciones en Isla de Pascua muy parecidas a las que los incas construyeron en Perú y quiero estudiarlas.

—Esas son las mismas construcciones que me interesan a mí. ¡Es perfecto! —exclamó Álex—. Yo pienso que hubo un tiempo en que los africanos que construyeron las pirámides llegaron a este continente por mar y enseñaron a los indígenas americanos sus técnicas. Y también creo, como tú, que el viaje continuó después hasta Rapa Nui, en el Pacífico. Somos un buen equipo.

—Sí, eso parece. Pero todavía no comprendo en qué consiste tu trabajo allí, ni cómo puedo ayudarte.

—Te lo explicaré. Hace mucho tiempo que intento que alguna revista me permita escribir acerca de mi teoría sobre el viaje de los

---

Caña: madera muy ligera y resistente que abunda en Sudamérica.

africanos a América, pero no lo he conseguido. Hace unos meses, sin embargo, una revista británica me contrató para viajar a Rapa Nui y escribir acerca de los moáis y de Tangata Manu, un dios con forma de pájaro al que empezaron a adorar los habitantes de Rapa Nui después de esas guerras de las que nos habló Wiesenthal, cuando dejaron de considerar sagradas sus grandes esculturas de piedra, los moáis.

—Yo no sé nada acerca de ese dios —dijo Rikke.

—La verdad es que yo tampoco, pero he estado leyendo mucho sobre él. Escribiré el artículo y aprovecharé el viaje para demostrar que mi teoría acerca del contacto entre los africanos y los americanos es cierta.

—¿Y yo qué haré?

—Tú me acompañarás y estudiaremos juntos. Si sabes hacer fotos, serás mi fotógrafa. Si no, las fotos las haré yo y tú me ayudarás a comprender los misterios de Rapa Nui. Me he informado acerca de ti. Sé que eres una arqueóloga brillante y muy **rigurosa**.

—Soy muy buena haciendo fotos. No te preocupes por eso. Pero no soy profesional.

—**Da igual**, yo convenceré a los editores de la revista de que eres la mejor fotógrafa del mundo y tendrás tu pasaje para Isla de Pascua.

El tiempo fue pasando a medida que conversaban. Aquel era el bar más popular de Santiago. Solía estar **abarrotado** de gente, por eso lo más corriente, una vez que alguien conseguía una mesa, era encerrarse en la propia conversación sin prestar atención a las mesas vecinas, siempre demasiado próximas. Aquella noche, sin embargo, ni Álex ni Rikke pudieron evitar darse cuenta de que había un hombre solo, con la piel cobriza y el cabello muy largo, que

---

Riguroso, a: que trabaja con mucha seriedad.
Da igual: expresión que equivale a "no importa" o "no te preocupes".
Abarrotado, a: lleno.

estaba sentado en una mesa justo al lado de la suya y parecía muy interesado en la conversación que ellos mantenían. Al principio no les importó demasiado, pero después aquel hombre se aproximó todavía más a ellos. Tanto que, en un momento de la conversación, llegó a mirarlos francamente a la cara y les dijo:

—Yo sé dónde se esconde el secreto que ustedes buscan.

—¿Qué secreto? –preguntó Álex.

—El que explica el origen de los moáis –dijo aquel hombre.

Rikke y Álex, después de contarse sus respectivas razones para viajar a Rapa Nui, habían comenzado a hablar de un tema que, sobre todo después de aquellas conferencias de la doctora Wiesenthal, los fascinaba a los dos por igual: el misterio acerca del origen de los moáis, aquellas inmensas figuras que ambos consideraban esenciales para entender el resto de la historia de la isla.

—Perdone, pero no sabemos quién es usted y no nos interesa su opinión –le respondió fríamente Rikke.

—Yo creo que sí les interesa, porque vivo en Isla de Pascua y sé algo que nadie sabe.

—¿Y qué es eso que se supone que nadie sabe? –preguntó Álex, tratando de no demostrar demasiada curiosidad.

—Yo sé dónde se encuentra enterrada la clave del misterio, una tabla que explica cómo Hotu Matua, el primer rey, condujo a su pueblo a través del mar hasta Rapa Nui desde Hiba, el antiguo Gran Continente del Pacífico que se hundió en el mar. En esa tabla se cuenta cómo al llegar enseñó a sus súbditos a cultivar su nueva tierra y les mostró la forma de honrar a sus antepasados construyendo moáis. La tabla es imposible de interpretar para quienes desconocen el lenguaje secreto de mis **ancestros**, el *rongo rongo*, pero junto a ella hay un pergamino. Yo lo he visto. Y en ese pergamino se explica el significado de los símbolos de la tabla. Es la solución al enigma del que ustedes hablan.

Ancestro: antepasado.

Moáis de Ahu Tongariki.

—¿Y cómo sabemos que todo eso es cierto? –insistió Álex.

—Porque puedo llevarlos hasta allí y ayudarlos a desenterrar la tabla y el pergamino. Yo los encontré cuando era un niño. Pero mi padre me obligó a enterrarlos de nuevo para que nadie pudiera **profanar** nunca los secretos de nuestro pueblo.

—¿Y por qué estaría dispuesto a desenterrarlos ahora? ¿No le importa traicionar los deseos de su padre? –intervino Rikke.

—Mi padre ya murió y a mí me vendría bien algo de dinero –dijo el desconocido con una sonrisa que desagradó por igual a Álex y a Rikke.

—Es usted un **estafador** –se enfadó la arqueóloga.

—Prefiero pensar que soy un comerciante –dijo él, pasándose la lengua por sus dientes negros en un gesto que tenía algo de provocativo y algo de obsceno.

Profanar: tratar sin respeto algo sagrado.
Estafador, a: persona que vive de engañar a otras para obtener dinero.

—De acuerdo —intervino Álex—. Nosotros viajaremos a Isla de Pascua la semana próxima. Si es cierto lo que dice, encuéntrenos allí. No le resultará difícil, siendo usted pascuense y nosotros una pareja de investigadores extranjeros. Si lo hace y nos guía hasta el lugar donde está escondida la tablilla, hablaremos de su precio. Pero solo si comprobamos que es auténtica y que el pergamino del que habla sirve para interpretarla. Si no es así, no cobrará un **peso**.

—Un momento —Rikke se dirigió a Álex—. Yo no estoy dispuesta a hacer tratos con un **embustero** como este señor.

—Señorita —intervino el pascuense sin ofenderse por el insulto—, cuando vea usted la tablilla y el pergamino dejará de pensar que intento engañarlos.

Después terminó de un trago la jarra de cerveza que tenía en la mano y se levantó.

—Son ustedes muy afortunados por haberse encontrado con Mario Pakarati.

—¿Es ese su nombre? —le preguntó Álex.

—Así me llamo —contestó el otro despidiéndose.

—Aborrezco a la gente que habla de sí misma en tercera persona —sentenció Rikke mientras Pakarati se alejaba apartando gente y sillas a su paso.

—No te preocupes, Rikke, seguramente no le volveremos a ver.

Peso: la moneda chilena.

Embustero, a: mentiroso.

IV

DESPUÉS de aquel encuentro todo fue muy rápido. En menos de una semana Rikke y Álex dispusieron todo lo necesario para su viaje a Rapa Nui. Nada destacado ocurrió hasta la llegada de ambos a Hanga Roa, la capital de Isla de Pascua, excepto, quizás, el hecho de que, mientras esperaban la salida de su vuelo en el aeropuerto de Santiago, los dos creyeron ver en diferentes lugares –Álex mientras iba a comprar un diario, Rikke mientras regresaba del baño– a aquel sujeto antipático, Mauricio Rojas, que había hecho enfadar a la profesora Wiesenthal durante el seminario. En cualquier caso, ninguno de los dos habría podido asegurar que realmente era él a quien habían visto, por lo que ni siquiera lo comentaron entre sí.

Una vez en Hanga Roa, alquilaron un todoterreno y se alojaron en un hotel alejado del centro. Lo primero que visitaron fue el llamado **ahu** *Vinapu*, un altar construido con inmensas piedras volcánicas que, según se decía, estaba destinado a acoger un moái de veintitrés metros de altura que nunca llegó a colocarse sobre él. La primera vez que lo vieron ambos sintieron la misma sensación extraña, que combinaba la emoción, el asombro y la alegría por haber llegado hasta allí.

—Parece construido por el mismo arquitecto que diseñó las pirámides de Gizeh —observó Álex.

Ahu: plataforma construida en piedra y dedicada a fines religiosos. Abundan en gran parte de las islas del Pacífico, donde reciben el nombre de *marae*. Lo que hace únicos los *ahu* de Isla de Pascua es que dejaron de utilizarse como altares cuando los nativos *rapanui* empezaron a colocar sus moáis encima de ellos.

—La técnica es idéntica a la utilizada por los incas en Cuzco –dijo Rikke.

Después de aquella primera visita fueron muchos los lugares adonde los condujeron sus investigaciones: al volcán Rano Raraku, donde se construían antiguamente los moáis, y a la ciudadela sagrada de Orongo, donde se celebraban los ritos dedicados a Tangata Manu, ese dios con forma de hombre pájaro al que los nativos dibujaron en innumerables **pinturas rupestres** y **petroglifos** en toda la isla. Visitaron las cuevas de Te Pahu, donde vivieron encerrados los isleños en los años de guerra, y los restos de la muralla que rodeaba una península llamada Poike, donde, según les contaron, los supuestos incas cuya pista seguía Rikke construyeron una muralla para defenderse de los pobladores originarios de Rapa Nui.

Volcán Rano Raraku.

Pintura rupestre: dibujo prehistórico realizado en la pared.
Petroglifo: dibujo tallado en la roca.

Lo investigaban todo yendo siempre juntos y Rikke lo registraba todo en su cámara digital.

—Realmente pareces una profesional —le dijo un día Álex mientras ella retrataba un conjunto de moáis a la luz del atardecer.

—Quiero compensar los gastos de mi viaje con un gran reportaje fotográfico. Así no me sentiré en deuda contigo.

—No te preocupes por eso, Rikke. Todo lo que me has enseñado estos días vale mucho más que el pasaje de avión.

V

PERO todos aquellos días dedicados a descubrir un mundo absolutamente desconocido para ambos se vieron alterados una noche a partir de la cual todo cambiaría. Ese día se habían desplazado en una pequeña barca hasta un **islote** llamado Motu Iti, frente a los acantilados de Orongo. Cuando regresaron al hotel encontraron sus habitaciones revueltas. Parecía que alguien había entrado en ellas. Rikke llamó inmediatamente a Álex y bajó a encontrarse con él después de comprobar que no le faltaba nada.

Acantilado de Orongo. Al fondo, Motu Iti.

Islote: isla muy pequeña.

—Alguien ha registrado mis cosas –le dijo al verlo en el vestíbulo.

—Las mías también. Y mi ordenador está encendido. Parece que han estado mirando mis archivos.

—¿Te han robado algo? –preguntó Rikke.

—Creo que no. ¿Y a ti?

—Me parece que a mí tampoco.

Después se dirigieron juntos a hablar con el propietario del hotel, pero este solo supo excusarse hablando de los problemas de insegu-ridad que había traído el aumento de población a la isla. Álex pensa-ba que debían **descartar** hacer una denuncia ante los **carabineros** porque no les habían robado nada. Rikke no estaba tan segura, pero mientras debatían esa posibilidad vieron a través de la puerta del vestíbulo a un hombre que los observaba desde la calle. Lo recono-cieron al instante. Era Mauricio Rojas, su antiguo compañero de se-minario, que continuaba vistiendo el mismo traje desgastado y sucio y permanecía apoyado en la puerta de un **boliche**, mirando hacia el lugar donde ellos se encontraban.

—Es Mauricio Rojas, y nos está mirando –dijo Álex.

—Vayamos a hablar con él –dijo Rikke mientras empezaba a correr hacia la puerta–. Seguro que **tiene algo que ver** con el desorden de nuestras habitaciones.

En realidad, no sabían qué habrían podido decirle. Desde luego no podían acusarlo de nada, pero en cualquier caso su intento por ir tras él **fracasó**. En el momento en que intentaban cruzar la calle,

---

Descartar: renunciar a hacer algo.
Carabineros (cuerpo de): policía chilena.
Boliche: en su acepción chilena, pequeña tienda de barrio en la que se vende de todo, funda-mentalmente productos de alimentación y bebidas.
Tener que ver: estar relacionado con algo.
Fracasar: intentar algo y no conseguirlo.

un autobús lleno de turistas ocupó la **calzada** y, cuando por fin terminó de pasar y ellos pudieron llegar a la otra acera, Mauricio Rojas ya no estaba allí. Había desaparecido como desaparecen siempre tras los autobuses los malos de las películas. Fue entonces, de regreso al hotel, cuando se contaron el uno al otro lo que habían creído ver en el aeropuerto de Santiago y la presencia inquietante de aquel hombre siguiendo sus pasos les preocupó.

—¿Qué puede querer de nosotros? —se preguntaba Álex media hora después, sentado sobre la cama de Rikke, a cuya habitación había entrado esa noche excepcionalmente para comprobar el desorden de sus cosas.

—No lo sé —respondió ella sentada en un rincón, frente a una mesilla donde tenía su ordenador, mientras descargaba en él las fotos de su cámara—. ¿Crees que ha sido él quien ha registrado nuestras cosas?

—Es posible, pero también es muy raro. Si solo nos conoce de aquel seminario, debe saber que estamos aquí por trabajo. Y si quería robarnos, ¿por qué no lo ha hecho? Yo guardo algún dinero en mi habitación y no lo ha tocado. Tampoco se ha llevado los ordenadores y por lo que veo el tuyo es bastante nuevo.

—Quizás buscaba algo concreto y no ha podido encontrarlo.

—¿Guardas tú algo **valioso** en esta habitación?

—No. Nada, aparte de mi ordenador —respondió tranquilamente Rikke.

—¿Quieres que duerma esta noche aquí, contigo? —preguntó Álex cambiando de tema de pronto y mirando hacia el techo, como queriendo quitarle importancia a lo que estaba diciendo—. Así no pasarás miedo.

Calzada: parte de la calle destinada a la circulación de los coches.
Valioso, a: de mucho valor.

Ella dejó de mirar a la pantalla de su ordenador por un momento y lo miró a él. Lo vio sentado sobre la esquina del colchón, jugueteando con la llave de su habitación entre las manos, flaco, despeinado, con barba de varios días y con una expresión tan forzada de inocencia en los ojos que no pudo evitar reírse.

—Álex, puede que todavía no te hayas dado cuenta —le dijo—, pero me gustan las chicas.

Entonces, él la miró a ella recuperando su actitud normal y también se rió.

—¡Qué mala suerte tengo! —dijo todavía sonriendo mientras se levantaba y caminaba hacia la puerta—. Imagino que eso quiere decir que no.

—Más o menos —dijo ella.

—Buenas noches, Rikke —se despidió el español abriendo la puerta.

—Buenas noches, Álex.

VI

LA mañana siguiente les **deparó** un nuevo reencuentro. Cuando Rikke bajó a desayunar al pequeño comedor del hotel, escuchó a su espalda una voz que le resultó familiar.

—Señorita, señorita.

La danesa se giró, dándose cuenta de que alguien la llamaba, y al hacerlo reconoció a aquel hombre que **se había inmiscuido** en su conversación con Álex la noche del Liguria, en Santiago.

—Es usted —afirmó dándole a su voz un tono neutro que no expresaba emoción alguna—. Nunca creí que volvería a verlo.

Mario Pakarati sonreía mostrando sus dientes negros.

—Usted siempre tan desconfiada, **po**, señorita —dijo el pascuense alargando mucho la primera *a* de la palabra desconfiada, tratando de darle un tono amable a sus palabras—. Permítame **no más** guiarla hacia el lugar que quiero mostrarles y verá cómo su amigo y usted se alegrarán de haber conocido a Mario Pakarati.

—¿Cómo nos ha encontrado?

—Somos pocos en esta isla. Y todos nos conocemos.

Deparar: sinónimo en este contexto de *traer*.

Inmiscuirse: entrar sin permiso en una conversación o un asunto de otros.

Po: expresión frecuente en el habla coloquial chilena. Su uso hace pensar que se trata de una contracción de la conjunción *pues*, utilizada para resaltar o hacer más familiar el tono de la frase.

No más: expresión coloquial extendida en el español de Sudamérica que se utiliza para restar fuerza a algo que se afirma o se pide. Equivale a otras como *nada más* o *tan solo*.

En ese momento apareció bajando la escalera Álex, quien todavía medio dormido tardó un instante en darse cuenta de quién era aquel hombre de larga cabellera morena que hablaba con Rikke.

—Así que al final **ha dado con nosotros** —dijo, **jovial** aunque adormilado, al reconocerlo—. ¿Te das cuenta, Rikke? Parece que estos días se reúne aquí la mitad de la población de Santiago de Chile.

—Vine porque hicimos un trato y Mario Pakarati siempre **cumple con su palabra** —dijo el pascuense con un tono repentinamente sombrío y bajando la voz para que nadie más que Álex y Rikke pudiera escuchar sus palabras—. Mucha gente querría conocer lo que yo voy a mostrarles a ustedes.

—Yo sigo sin creerme esa historia que nos contó —le cortó Rikke—. Si la tabla y el pergamino de los que nos habló existen realmente, ¿por qué no los ha vendido hasta ahora?

—A mí me engañarían al venderlos —se justificó el isleño—. Yo apenas salí de esta isla un par de veces en mi vida, pero **leí** mucho. Sé cómo funcionan las cosas en el continente. En cambio ustedes sí conocen el valor de esos objetos. Yo les oí **platicar**. Seguro que sabrían a quién vendérselos. El trato que les propongo es justo.

—Está bien —**medió** Álex—. Nosotros todavía tenemos que dedicarle un día o dos a terminar el reportaje que estamos haciendo y, después de acabarlo, nos gustaría tener algo de tiempo para descansar. Hemos trabajado mucho. Venga usted a buscarnos dentro de tres días. Le esperaremos aquí a esta misma hora y le acompañaremos en su búsqueda de esos objetos.

Dar con alguien: encontrar.

Jovial: divertido, de buen humor.

Cumplir la palabra: hacer algo a lo que una persona se ha comprometido.

Leí: en el español de América está generalizado el uso del pretérito indefinido en los casos en los que se utiliza el pretérito perfecto en español de España (en este caso, *leí* por *he leído*).

Platicar: sinónimo de *hablar, conversar*, muy extendido en el español de Sudamérica.

Mediar: intervenir en una conversación en la que dos personas discuten para suavizar esa discusión.

—Eso es imposible, *¿cachai?* —pareció enfadarse de pronto Pakarati—. De día hay turistas y carabineros por toda la isla. Alguien podría vernos. Debemos hacerlo de noche. Esta noche.

—Todo esto me parece una estupidez, Álex —**terció** Rikke ignorando a Pakarati.

—¿Por qué tanta prisa? —preguntó el español a su vez mirando al chileno.

—Porque uno nunca sabe qué *hueá* puede ocurrir, *¿cachai?* Hay gente que observa. Puede haber otras personas buscando lo mismo. Uno nunca sabe —repitió, dando la impresión de estar bastante nervioso—. Es mejor decidirse ya y hacer lo que hay que hacer *al tiro*.

—Bien, bien. De acuerdo —cedió Álex, sorprendido por la repentina **vehemencia** de quien debía ser su guía hacia un descubrimiento en el que cada vez confiaba menos—. ¿Qué piensas tú, Rikke? —preguntó a su compañera de viaje, aun más desconfiada que él—. ¿Te parece bien si le dedicamos esta noche al señor Pakarati? ¿Qué podemos perder?

—Exacto, señorita, ¿qué pueden perder? —repitió la pregunta el pascuense, con un tono de voz casi **suplicante**, pero en el que ella creyó **percibir** algo amenazador.

—De acuerdo. Vayamos con él esta noche, pero ni una más. Y recuerde —se enfrentó a Pakarati—: solo si encontramos algo y es auténtico, recibirá usted dinero a cambio.

¿Cachai?: término muy común en el habla coloquial chilena y utilizado siempre al final de la frase. Se corresponde con lo que en lenguaje formal sería *¿entiendes?*

Terciar: intervenir en una conversación.

Hueá: término coloquial muy extendido en el habla chilena. Su significado es muy amplio. Como sustantivo podría corresponder a la palabra *cosa*, pero también se emplea para formar verbos (*huevear*) y adjetivos (*hueón*).

Al tiro: en lenguaje coloquial chileno, inmediatamente, rápido, ahora mismo.

Vehemencia: intensidad en la expresión de una idea o de un sentimiento.

Suplicante: de súplica, una petición que se hace sin mucha esperanza, pero con un gran deseo de verla cumplida.

Percibir: notar, intuir.

—Lo encontraremos, señorita. Lo encontraremos —dijo el chileno—. Vendré a buscarlos a las nueve. No lo olviden y descansen. La noche será larga. Yo traeré linternas y palas, no se preocupen por nada. Lo encontraremos —insistió repitiéndose—. A las nueve los veré **acá**, en este mismo sitio. Ahora tengo que irme. Adiós. —Se despidió, antes de marcharse precipitadamente y **perderse de vista** en dirección a la ciudad.

Acá: una de las diferencias más generalizadas en el español de América con respecto al español de España es el empleo de los adverbios de lugar *acá* y *allá* en vez de *aquí* y *allí*.

Perderse de vista: desaparecer.

1. ¿Cómo crees que continuará la historia a partir de aquí? ¿Crees que Pakarati intentará engañar a los protagonistas? ¿Cómo?

....

....

....

....

2. Escribe las razones por las que irías con Pakarati o los motivos por los que no irías con él en el caso de ser tú uno de los protagonistas. Comenta las razones de tu decisión con tus compañeros/as.

....

....

....

....

....

....

....

....

....

....

....

3. Pakarati es un personaje extraño en un país en el que Álex y Rikke son extranjeros. ¿Has conocido tú a algún personaje curioso en alguno de tus viajes? Comenta con tus compañeros/as dónde conociste a esa persona y por qué la recuerdas todavía.

4. Como sabes, Álex escribe un *blog* en el que cuenta a sus lectores sus descubrimientos. Imagina que eres él y que tu primer recorrido por Isla de Pascua te lleva al *ahu Vinapu* (en la imagen). ¿Cómo lo describirías ese día en tu *post*?

VII

AQUEL día transcurrió muy despacio. A las nueve menos diez Álex y Rikke estaban ya esperando sentados en el vestíbulo. Llevaban consigo agua y parte del equipo de trabajo habitual en las excavaciones arqueológicas: una **azadilla**, algunos pinceles secos, un cuchillo de cazador, la cámara fotográfica…

A las nueve en punto, Pakarati aparcó frente a la puerta del hotel una furgoneta *pick up*, de esas que llevan al descubierto la parte destinada a la carga. Álex y Rikke salieron a su encuentro y subieron al vehículo. **Partieron** prácticamente enseguida. La luz del sol comenzaba a debilitarse y la luna, casi llena, empezaba a dibujarse en el azul del cielo. Pakarati tomó la carretera hacia Orongo y unos minutos después llegaron a una **bifurcación** donde el camino abandonaba la ruta hacia la ciudadela y comenzaba a bordear el volcán Ranu Kao. Pakarati giró en esa dirección. La furgoneta recorrió la nueva pista de **grava** todavía durante un buen **trecho** antes de detenerse junto a unos arbustos, exactamente en el lugar donde aquel camino llegaba a su fin. El volcán se elevaba, impresionante, ante ellos.

—¿Es aquí? –preguntó Rikke.

—Tenemos que caminar –respondió Pakarati.

—¿Subiremos al volcán? –preguntó a su vez Álex.

Azadilla: herramienta que sirve para remover la tierra.
Partir: en este contexto, salir de un lugar en dirección a otro.
Bifurcación: punto en el que un camino se separa en dos direcciones.
Grava: piedras pequeñas.
Trecho: pequeña distancia.

—Sí. Ayúdeme a llevar las herramientas —dijo el pascuense mientras apagaba el motor y bajaba de la furgoneta para dirigirse a la parte trasera del vehículo.

Allí desenvolvió un **bulto** dentro del cual había un pico, dos palas y tres linternas potentes. Todavía no se había hecho de noche. La luna, inmensa, ascendía por instantes en el cielo mientras el sol se hundía poco a poco hacia Poniente, en ese inmenso mar que se extendía ante ellos como un enorme **tapiz** de hilos dorados y rojos.

—¡Qué belleza! —se vio forzada a reconocer Rikke.

—¿Crees que necesitaremos linternas? —le preguntó Álex a Pakarati mientras se ponía una pala al hombro—. Hay mucha luz.

—Al lugar adonde vamos las necesitaremos —le contestó Pakarati.

Así comenzaron a ascender los tres por un **sendero** que recorría la **ladera** del volcán hasta alcanzar el borde de su cráter, en cuyo interior brillaba la superficie de varias pequeñas lagunas. Fuera de la montaña el espectáculo era aun más hermoso. El sol se ponía en el inmenso horizonte que parecía señalar el final del océano. Después de unos instantes, Álex y Rikke escucharon un **silbido**. Pakarati había continuado caminando por una **senda** que se abría en una de las paredes laterales del volcán y los llamaba desde la distancia. Lo siguieron y llegaron tras él a la boca de una gruta que se adentraba en el interior del volcán, frente a la costa. Allí el pascuense encendió su linterna y le dio una a cada uno de los investigadores.

—Esta es la cueva de Anakai Tangata —dijo—. Aquí encontré y volví a esconder la tablilla y el pergamino.

Bulto: objeto sin una forma determinada.
Tapiz: tela cuyo tejido reproduce imágenes utilizada para decorar muros y paredes.
Sendero: camino estrecho.
Ladera: parte lateral y en pendiente de una montaña.
Silbido: ruido agudo que se produce expulsando aire a través de los labios.
Senda: sinónimo de *sendero*.

Cueva de Anakai Tangata.

Sin decir nada más entraron los tres en la cueva con las linternas encendidas. A los pocos metros descubrieron que se encontraban en una especie de salón subterráneo cuyas paredes estaban formadas por piedra volcánica. Había en el suelo algunos restos de botellas de plástico y de comida abandonados allí por algún campista descuidado. La **quietud** de aquel lugar, cuyo silencio solo rompían las olas del mar al chocar contra la costa, al otro lado de la boca de la **caverna**, impresionó a Álex.

–¿Has visto esto? –le llamó la atención Rikke, apuntando con su linterna al techo de la cueva.

Él la imitó y dirigió la luz de su propia linterna al lugar que ella señalaba. Allí, sobre sus cabezas, había decenas de pinturas rupestres entre las que destacaba siempre la representación del hombre pájaro. La voz de Pakarati les hizo regresar de nuevo a la realidad. Parecía ser el único que recordaba que habían ido hasta allí para buscar dos tesoros arqueológicos de gran valor.

Quietud: sensación de tranquilidad en un lugar aislado del contacto humano.
Caverna: gruta, cueva, galería subterránea.

—Síganme. No podemos perder tiempo —dijo mientras se adentraba en una de las numerosas cavernas auxiliares que se abrían en los **costados** de esa estancia principal—. Tendrán que agacharse —les advirtió al tiempo que él mismo empezaba a caminar **a cuatro patas** con su linterna cogida entre los dientes.

Después de varios minutos **gateando** por aquella estrecha galería en la que Pakarati los había metido, descubrieron que, junto a la gruta por la que se adentraban cada vez con mayor dificultad, se abría una nueva vía subterránea cuya boca parecía todavía más **angosta**. Pakarati se detuvo.

—Tendremos que pasar por ahí.

—Eso es imposible —dijo Rikke, que comenzaba a sentir algo de **claustrofobia**.

—Si yo quepo, señorita, usted tiene que caber —dijo Pakarati.

—Vaya usted primero, entonces —propuso Álex, que cerraba aquella extraña **procesión** de exploradores discutiendo a cuatro patas.

—Bien, lo haré. Ustedes, síganme. —Se decidió el chileno, que introdujo su cabeza en el estrecho agujero, después los brazos, luego el tronco y finalmente las piernas, hasta que su cuerpo al completo desapareció tras el muro.

—Ahora te toca a ti, Rikke —dijo Álex.

Entonces la joven danesa se decidió a seguir el ejemplo de Pakarati y pocos minutos después los tres se encontraban al otro lado,

---

Costado: lado.
A cuatro patas: posición en la que una persona se sostiene sobre sus rodillas y sus manos.
Gatear: caminar a cuatro patas.
Angosto, a: estrecho.
Claustrofobia: miedo a los lugares cerrados.
Procesión: acto religioso en el que los fieles caminan en fila delante o detrás de un objeto sagrado.

en una nueva gruta que, poco a poco, a medida que avanzaban, se fue ensanchando hasta permitirles volver a caminar sobre sus piernas. Así avanzaron durante cerca de veinte metros hasta que el pascuense, que iba el primero, se detuvo y apuntó con su linterna hacia el suelo de la nueva estancia natural a la que habían llegado, mucho más pequeña que la anterior, pero suficiente para permanecer los tres **erguidos** en ella. Allí no había pinturas y, a diferencia de lo que habían visto en el resto de la cueva, el suelo era de tierra.

—Aquí es —dijo Pakarati.

Erguido, a: de pie.

VIII

FUE Rikke quien comenzó a excavar con el pico en la tierra, porque era ella la única de los tres acostumbrada a cavar en busca de restos arqueológicos. Lo hacía con cuidado para no levantar demasiado polvo, allí no había otra vía de ventilación que la propia caverna por la que habían llegado. Pakarati le había indicado dónde debía cavar y le había dicho que tendría que profundizar cerca de un metro. Álex apartaba los **terrones** arrancados del suelo por el pico de su compañera y los acumulaba con su pala en una esquina de la cueva. Rikke tardó cerca de veinte minutos en llegar a tocar una superficie dura de la que saltaron chispas al contacto con el acero del pico. Para entonces los tres estaban sudando.

—Ahí está —dijo Pakarati—. Esa es la piedra que coloqué sobre la tablilla.

—¿Qué haces ahora? —preguntó Álex al ver que Rikke se agachaba rápidamente sobre la piedra.

—Voy a apartar la tierra que cubre la piedra, para poder levantarla. Alumbradme —dijo Rikke mientras se hacía con la tablilla.

—¿Son símbolos *rongo rongo*?

—Sí —afirmó Rikke— y, además, en el envoltorio hay una especie de diccionario con palabras en español.

—Se lo dije. Mario Pakarati nunca miente.

Terrón: trozo de tierra.

A punto estuvieron Álex y Rikke de comenzar a dar voces de alegría, pero un ruido procedente de la galería principal de la cueva los paralizó de pronto a los tres y les hizo **guardar silencio**. Había alguien más en aquella caverna.

—¿Lo habéis oído? —dijo Rikke.

—Sí —le respondió en voz baja Álex.

Se miraron los unos a los otros. ¿Los habría seguido alguien para robarles su descubrimiento? Los ruidos se sucedían, pero ellos no podían saber si se aproximaban o se alejaban, si venían de la galería que ellos mismos habían atravesado o de la estancia principal, junto a la entrada. ¿Serían turistas que habían ido a visitar la cueva a una hora tan extraña?

Pakarati les indicó por señas que apagaran las linternas y así lo hicieron. Permanecieron en medio del silencio y la oscuridad absoluta durante un tiempo indefinido, pudieron ser diez minutos o tal vez una hora, ninguno de ellos habría sabido decirlo. No se movieron, casi ni respiraron hasta que estuvieron seguros de que los ruidos habían cesado por fin en el exterior. Entonces, volvieron a atreverse a encender las luces, aunque no a hablar todavía. En un momento dado, Pakarati hizo una seña. Debían abandonar aquel lugar. Recorrieron el camino **inverso** al que habían hecho un rato antes, deteniéndose frente a la **abertura** para salir con las mismas dificultades con que habían entrado en la pequeña gruta auxiliar y atravesando en dirección al ruido de las olas la primera galería, la que llevaba hacia el salón principal. Todavía les asustaba pensar que los causantes de los ruidos podían seguir allí, pero por fin llegaron a la estancia principal y a la luz de la Luna comprobaron que se encontraba vacía. No había nadie, pero ellos seguían sin atreverse a hablar en voz alta.

Guardar silencio: permanecer en silencio, sin hablar.

Inverso, a: opuesto, contrario.

Abertura: lugar en el que se abre un agujero.

—Vamos hacia el auto —susurró Pakarati—. *Al tiro*, vayámonos de este lugar.

Así salieron los tres al exterior y la luz que se reflejaba en el océano les transmitió una sensación de **alivio**. Caminaron hacia la parte alta del cráter y desde allí, una vez comprobaron que su furgoneta seguía aparcada donde la habían dejado y no había ningún otro vehículo alrededor, comenzaron a descender por el sendero. Álex llevaba la tablilla y la tela guardadas en su mochila y esta **aferrada** entre las manos.

—Lo hemos conseguido —dijo al llegar a la furgoneta.

—Ahora hablaremos de dinero —dijo Pakarati, cuya voz parecía **haberse tornado** de pronto más grave.

—No tan deprisa —le advirtió Rikke—. Todavía tenemos que comprobar que la tablilla es auténtica.

Alivio: descanso y relajación posterior a una situación difícil o tensa.
Aferrar: coger con fuerza.
Tornarse: volverse, convertirse.

IX

CUANDO llegaron al hotel era ya muy tarde. Subieron los tres al cuarto de Rikke y, una vez allí, Álex sacó de su mochila la tablilla y el pergamino.

—Se parece mucho a las que hemos visto en el museo —dijo Rikke.

—Es **idéntica** —dijo Álex—. Fíjate, tiene tres filas de símbolos tallados. Algunos con formas humanas en distintas posturas. Otros parecen **embarcaciones**, casas, peces o plantas.

—Son una especie de **jeroglíficos**. Déjamela, Álex —dijo Rikke, que casi tuvo que arrancársela al español de las manos para hacer su propio análisis de la tablilla—, quiero mirarla detenidamente.

Entonces sacó de un maletín una **lupa** y comenzó a observar con ella los bordes de la tabla y el grueso y la profundidad de los dibujos tallados. Pero la tablilla tenía demasiada tierra adherida.

—Así es imposible obtener ninguna conclusión —afirmó—. Habrá que limpiarla y analizarla al microscopio para observar los **tintes** con que ha sido tratada y la antigüedad de la madera.

Álex volvió a **arrebatársela** de las manos.

Idéntico, a: que es exactamente igual a otra cosa.
Embarcación: barco de cualquier tipo.
Jeroglífico: escritura primitiva que utiliza símbolos en vez de letras.
Lupa: instrumento que tiene una lente cuya función es aumentar la visión de los objetos.
Tinte: sustancia utilizada para dar color a algo.
Arrebatar: quitarle algo a alguien.

—Tratemos de traducir lo que dice. No tenemos los medios aquí para comprobar su edad, pero sí podemos tratar de averiguar su significado.

—¿Y cómo piensan pagármela, si no son capaces de analizar su edad? ¿Cómo sabrán que la tabla es auténtica? —intervino Pakarati, que a esas alturas parecía pensar ya únicamente en su dinero y mantenía ese tono de voz seco y grave que le habían escuchado por primera vez en la furgoneta.

—La llevaremos al museo y allí la estudiaremos junto con los expertos locales.

—¡Imposible! —reaccionó inmediatamente el pascuense—. No pueden hacer eso. Esta tabla es patrimonio de la isla, si ustedes la llevan allá, el Estado de Chile se declarará su propietario y ustedes no podrán pagarme. Todo esto no habrá servido para nada. Ustedes no llevarán mi tabla al museo —sentenció casi amenazador.

—¿Y qué ha pensado usted que podemos hacer? —intervino Álex apartando por un momento su mirada de los símbolos, molesto por el tono que había empleado Pakarati—. No creerá que vamos a robarla...

—Asegúrense de que es auténtica. Hablen con un experto. Pero ni él ni ustedes podrán quedarse con la tablilla y el pergamino hasta después de pagármelos. Yo sé que usted escribe en una revista y seguro que su editorial pagaría mucho por tener la exclusiva de este hallazgo. Consiga esa exclusiva y páGueme. La señorita también conoce formas de ganar dinero con esta tablilla. Usted es arqueóloga, ¿no es cierto? —dijo, dirigiéndose a Rikke—. Usted ha trabajado con fundaciones privadas, con coleccionistas y anticuarios que pagarían mucha **plata** por algo así, ¿verdad? Sí, yo lo sé. Usted conoce a ese tipo de gente —continuó—, y sabe de lo que hablo. Encuentre a alguno que quiera comprarla.

Plata: sinónimo de *dinero* en casi toda Sudamérica.

—Todo eso solo ocurrirá, si ocurre, cuando sepamos que la tablilla es auténtica. —La **indignación** que sintió al descubrir que ese hombre había estado informándose acerca de ellos hacía que a Rikke le temblara la voz–. Y usted nos está diciendo que no podemos hablar con los arqueólogos de la isla.

—Yo les escuché hablar a ustedes en el Liguria. Ustedes dijeron que conocían a una doctora que decía saberlo todo sobre la historia de Rapa Nui. Hablen con ella.

—¿Pero, cómo? Tendríamos que viajar a Santiago –dijo Álex.

—No es cierto –dijo Pakarati–. No necesitan salir de esta habitación. No lo harán con mi tablilla y mi pergamino. Fotografíenlos, envíenle un *mail* a esa doctora tan sabia y pídanle que les diga si es auténtica o no lo es.

—Eso es absurdo –protestó Rikke, sin dejar de darse cuenta de que aquel hombre, que se les había presentado como un pobre ignorante que apenas había salido de su isla, parecía saber más de lo que se podía suponer en alguien así acerca de Internet–. Nadie puede juzgar la autenticidad de un objeto como este a través de una foto.

—**Esfuércese** con las fotos –dijo él–. Haga que la tabla salga **linda** y verá como sí es posible. Contacte con esa señora. Envíele un correo electrónico. Consiga una respuesta o me llevaré la tablilla y el pergamino y se los venderé a otros.

Mientras Rikke y Pakarati mantenían esta discusión cada vez menos amable, Álex continuaba apartado en una mesa con la tablilla y el pergamino, concentrado en trasladar a una hoja de papel ciertas **anotaciones**. Cuando Pakarati terminó su frase, el español, que ni siquiera le había escuchado, lanzó un grito de **júbilo** haciendo que los otros le miraran.

Indignación: enfado, enojo.
Esforzarse: hacer algo con fuerza o con convicción o con mucho empeño.
Lindo, a: sinónimo de *bonito/a*, utilizado con mucha frecuencia en el español de Sudamérica.
Anotación: frase escrita sin un orden estricto para apuntar ideas o comentarios sobre algo.
Júbilo: alegría extrema.

—¡Lo tengo! —exclamó.

—¿Qué cree que tiene? —se interesó el pascuense, recalcando mucho la palabra *cree*.

—Tengo el significado de la tablilla. Es muy sencillo de traducir con este diccionario al lado. Escuchad:

"*Te cantamos,*

Oh Tangata Manu, dios del aire y de la luz, en recuerdo de nuestros antepasados, los héroes que llegaron en una balsa de sueños, a través del mar desde Hiba, nuestra tierra originaria.

Te cantamos,

*Oh gran Hotu Matua, padre de todos, rey y maestro, que nos enseñaste a cultivar la tierra y guardaste a los pies de nuestros siete héroes el corazón de nuestro pueblo, tu fuerza y tu poder, por rendir homenaje a su **bravura**.*

Os cantamos a todos,

*Oh viejos santos y sabios, para suplicar vuestra ayuda en este tiempo de guerra y tristeza, para **implorar** vuestra luz en este tiempo de oscuridad*".

—Muy bien, lo ha traducido —intervino Pakarati—. Pero ya se lo he dicho. Si no encuentran la forma de pagarme, no tendrán ni el pergamino ni la tablilla y esas palabras no servirán de nada.

—Es un **salmo** —señaló Rikke, ignorando al pascuense.

—Es una guía para encontrar el verdadero tesoro —dijo Álex, muy excitado—. ¿No lo entendéis? Hotu Matua, el primer rey, guardó a los pies de los siete héroes algo que representaba el corazón de su pueblo.

Bravura: valentía extrema.
Implorar: suplicar.
Salmo: canción religiosa.

Ahu A Kivi.

Pakarati —se dirigió al pascuense—, ¿no hay un altar en la isla dedicado a los siete héroes que descubrieron Rapa Nui por encargo de Hotu Matua?

—Sí, el **ahu A Kivi**.

—¿Y no es ese el único *ahu* donde los moáis miran hacia el mar, en vez de hacerlo hacia el interior de la isla?

—Así es.

—¿No lo ves, Rikke? Es ahí donde tenemos que ir. A los pies de ese *ahu*. Allí se encuentra la verdadera clave del misterio de los moáis.

Ahu A Kivi: todos los moáis de Isla de Pascua, excepto estos, tienen sus estatuas orientadas al interior de la isla; se supone que hacia las poblaciones a las cuales protegían, según la creencia nativa. La excepción de *Ahu A Kivi* se explica tradicionalmente porque sus siete moáis rinden culto a los siete primeros exploradores que descubrieron Rapa Nui.

Rikke asintió. No parecía tan convencida como su compañero, pero estaba dispuesta a seguirle al fin del mundo viendo lo mucho que eso molestaba a Pakarati, cuyo rostro reflejaba un enfado terrible.

—¡Ustedes no irán a ningún sitio sin decirme antes cómo me pagarán! —dijo, controlando ya con dificultad una explosión de ira que por primera voz asustó a Álex y Rikke, que lo vieron cerrar los puños muy nervioso.

—Está bien. De acuerdo, Pakarati. No se enfade —dijo Álex—. Usted cobrará si la tablilla es buena. Le enviaremos las fotos a la doctora Wiesenthal, como usted ha propuesto. Si ella dice que puede ser auténtica, yo pediré un anticipo a mi editorial por el reportaje que pienso escribir. Será una exclusiva mundial. Y Rikke buscará posibles compradores. Negociaremos con usted y le pagaremos. ¿Está de acuerdo?

—Estoy de acuerdo.

—Rikke, fotografía esto y envíaselo a Wiesenthal. Hagámoslo hoy mismo. Mañana iremos al *ahu A Kivi*. Es allí donde se encuentra la clave del misterio. Lo haremos por la noche. Con un poco de suerte la doctora ya habrá contestado y usted, Pakarati, tendrá garantizado el cobro de una buena cantidad de dinero.

—Hagan las fotos —dijo el otro— y envíenlas. Pero solo cuando esa señora haya contestado les permitiré salir de aquí. —Y en ese punto los miró a los dos sin ocultar ya la amenaza que ocultaban sus palabras.

—No se atreva a amenazarnos —dijo Rikke, furiosa.

—No se atrevan a salir de aquí mañana antes de hablar conmigo y mostrarme la respuesta de esa señora. Vendré temprano y hablaremos de mi dinero.

Diciendo esto Pakarati se dirigió hacia la puerta y salió de la habitación. Álex y Rikke estaban sorprendidos por el cambio de personalidad que habían visto producirse en el isleño, pero decidieron olvidarse de él y seguir el plan trazado. Fotografiaron la tablilla y la tela con los símbolos y enviaron las fotografías al correo electrónico de la doctora Wiesenthal. Después, Rikke se quedó en su cuarto y Álex se fue a su habitación. No sabía qué pensar acerca de Pakarati, pero tampoco le preocupaba en exceso. Toda su energía parecía concentrarse en esa intuición que había tenido acerca de la posibilidad de encontrar por fin la explicación a los misterios de Isla de Pascua.

Trató de escribir algo en su *blog* al llegar a su habitación, pero le pareció demasiado atrevido comentar su descubrimiento antes de confirmar que todo aquello tenía una base real. Se acostó, pero a los pocos minutos estaba en pie de nuevo. No tenía sueño. Fue hacia el mueble bar y tomó una botella de agua mineral. Con ella en la mano se aproximó a la ventana y la abrió. Tenía calor. Miró hacia la calle, que imaginaba desierta a esa hora, pero al hacerlo comprobó que no lo estaba.

En un **callejón** próximo al hotel vio dos sombras que **gesticulaban** y se movían de un lado para otro. Parecía que los propietarios de aquellas sombras estaban manteniendo una fuerte discusión. En una de ellas Álex creyó distinguir la **silueta** de Pakarati, pero la otra le resultaba desconocida. Después de un rato, la discusión **cesó**, o los dueños de las sombras se movieron hacia un lugar donde no les alcanzaba la luz. El español volvió a la cama preguntándose si realmente sería de Pakarati aquella sombra que había visto y, en el caso de serlo, con quién podría estar discutiendo a esa hora en la calle y sobre qué. Poco después el sueño por fin se apoderó de él, pero antes de atravesar ese **umbral** en el que lo consciente y lo inconsciente se confunden un nombre inquietante reapareció en su mente: Mauricio Rojas.

Callejón: calle estrecha que se abre en el lateral de otra más grande.
Gesticular: hacer gestos.
Silueta: forma que dibuja el contorno de un objeto o de una persona.
Cesar: acabar, terminar algo.
Umbral: la parte inferior de la puerta de una casa. En este contexto, es el límite que se atraviesa para pasar de estar despierto a estar dormido.

X

CUANDO Álex abrió los ojos eran ya las diez de la mañana. Desde que estaba en Isla de Pascua nunca se había despertado tan tarde, por lo que casi con prisa se metió en la ducha y salió del baño pocos minutos después dispuesto a ir al encuentro de Rikke, que al parecer se había olvidado de llamarlo. Cuando llegó frente a su puerta y llamó, descubrió que ella no se había olvidado de despertarlo, se había quedado tan dormida como él, a juzgar por la voz de **ultratumba** con la que contestó desde dentro de la habitación.

–Rikke, despierta –le dijo él desde el pasillo.

–Ya voy, ya voy. Ya estaba despierta –dijo ella abriendo la puerta en pijama, con el pelo **alborotado** y los ojos medio cerrados.

–Parece que nos hemos dormido los dos. Solo vengo a decirte que te espero abajo para desayunar.

–Está bien, me ducho y bajo enseguida.

–¿Tienes el ordenador encendido? Quizás haya contestado Wiesenthal.

–No lo creo, pero míralo si quieres –dijo Rikke, bostezando, mientras se dirigía al baño.

–Necesito tu clave para entrar al correo –dijo él, frente al ordenador.

Ultratumba: aquello que está más allá de la muerte.
Alborotado, a: desordenado.

—Es mi apellido, Rasmussen, escrito **al revés** —dijo ella desde dentro del baño. Un instante después abrió la puerta, salió y miró a Álex, sorprendida por lo que **acababa de hacer**—. No sé qué me pasa contigo. Normalmente no confío tanto en nadie.

—Solo hay dos posibilidades —dijo él **tecleando** la clave—: o estás todavía muy dormida o estás empezando a enamorarte de mí… Ayer nos acostamos muy tarde.

—Debe ser eso— contestó ella mientras volvía a encerrarse en el baño.

—¡Rikke, ha contestado! —exclamó Álex poco después, en cuanto abrió el *Outlook* y pudo leer el nombre de la arqueóloga chilena en la bandeja de correo entrante.

Rikke salió del baño de nuevo. Se había quitado el pijama y solo llevaba una toalla enrollada sobre su cuerpo.

—¿Qué dice?

—Que es auténtica. Sin ninguna duda, al parecer.

—No puede ser —desconfió la danesa.

—Léelo tú misma.

Y así lo hizo, sujetándose con una mano la toalla y moviendo con la otra el ratón del ordenador, inclinada sobre la mesa, mientras Álex se echaba para atrás en su silla. El *mail* de la profesora decía lo siguiente:

"Estimada señorita Rasmussen:

Permítame expresar mi más sincera felicitación y mi enorme sorpresa, por el importante descubrimiento que han realizado usted y su compañero de investigación, el señor López, en un campo de la arqueología que, como sabe, me interesa muy

---

Al revés: expresión que indica que algo se hace en un orden contrario al habitual. En este caso, la clave de Rikke sería: *nessumsar*.

Acabar de hacer: expresión que hace referencia a un acto realizado inmediatamente antes.

Teclear: pulsar teclas; en este caso en el teclado del ordenador.

*profundamente. Permítame también señalar que, analizadas las fotografías que usted ha tenido la amabilidad de enviarme, **considero** que la tablilla y el pergamino que la acompaña no solo son auténticas, sino que poseen un valor **incalculable**.*

*Discúlpeme si no **me extiendo** más en este mensaje, mis muchas obligaciones **me fuerzan a** ser breve. Solo quiero **advertirles**, antes de que actúen de una forma aventurada usted y su acompañante, que sería muy **prudente** que mantuviesen en secreto su hallazgo, sin comunicárselo a las autoridades de la isla hasta haber **concertado** con alguna institución privada el destino de esos objetos. Las autoridades locales podrían poner en peligro la conservación y la difusión de las importantes informaciones que transmite su descubrimiento a la comunidad científica internacional.*

Atentamente,

Doctora Marcela Wiesenthal"

—¿No te parece raro que haya contestado tan rápido? —preguntó Rikke al terminar de leer.

—Creo que para ella es tan importante como para nosotros. Tal vez más. Por eso se ha dado tanta prisa.

—No sé, Álex. Es un poco extraño. No comprendo por qué nos dice que debemos desconfiar de las autoridades chilenas. Chile es su país. Ella trabaja en la Universidad.

—Rikke, tú eres danesa. Hay cosas que una mente nórdica considera imposibles, pero son comprensibles para una mente latina.

Considerar: creer, pensar.

Incalculable: que no se puede calcular. Más allá de todo valor relacionado con el dinero.

Extenderse: desarrollar mucho una idea.

Forzar a alguien a algo: obligar.

Advertir: prevenir, avisar de algo.

Prudente: sensato, inteligente.

Concertar: acordar, cerrar un trato.

—Es posible —dijo mientras se iba de nuevo al baño—. Empezaré a buscar compradores después de ducharme. Si Wiesenthal cree que es lo mejor, lo haré. Como decía Pakarati, conozco a la gente necesaria. En cualquier caso, intentaré que su comprador sea una institución cultural que permita al mundo conocer lo que hemos encontrado. **Aborrezco** a los coleccionistas privados. Son los que más dinero pagan por tesoros como estos, pero después los guardan en una **vitrina** e impiden que la ciencia los estudie.

—Yo me marcho a mi habitación, Rikke. Abriré la oferta por la exclusiva de la tablilla y el pergamino al mundo entero a través de mi *blog*. Después me iré a buscar libros a la ciudad. Ese *ahu* esconde un tesoro tan importante que no podemos ni imaginarlo todavía. Lo sé. Estoy seguro. Mucho más importante que la tablilla y el pergamino. Por la tarde vendré a buscarte. —Álex se encontraba muy excitado, hablaba muy deprisa y así se despidió de Rikke—. Hasta luego.

Cuando bajó al vestíbulo, después de media hora enviando correos y escribiendo en su *blog*, se encontró con Pakarati, quien de un modo discreto se colocó ante él de tal forma que le **obstruía** la salida al exterior.

—Buenos días —le saludó el pascuense, al parecer de buen humor.

—Buenos días —respondió Álex, sin olvidar que ese hombre los había amenazado a él y a Rikke la noche anterior.

—¿Respondió la señora?

—Sí —dijo Álex—. Ha respondido. La tablilla y el pergamino son auténticos y los hemos puesto a la venta. No lo he discutido todavía con Rikke, pero estoy seguro de que ella, como yo, piensa que lo correcto es pagarle a usted la mitad de lo que cobremos por la exclusiva y la venta.

Aborrecer: odiar, sentir desprecio hacia alguien o algo.

Vitrina: recipiente de cristal que sirve para guardar objetos y exponerlos manteniéndolos protegidos.

Obstruir: impedir el paso.

—Yo sabía que podía confiar en ustedes.

—Yo solo sé que lo que hemos encontrado hasta ahora no es nada. Esta noche iremos al *ahu A Kivi*. Allí se encuentra el auténtico descubrimiento y **espero que** usted nos acompañe hoy como lo hizo ayer. En cierto sentido es a usted y a su pueblo a quienes corresponde estar allí en un momento así.

—Por supuesto, estaré allá. Ahora que nuestras diferencias quedaron aclaradas, estoy dispuesto a ir con usted y con la señorita al fin del mundo mientras resolvemos el asunto de la plata. Esta noche vendré a recogerlos a las nueve.

—A las nueve nos veremos entonces. Traiga las herramientas. Yo voy ahora a la ciudad. Necesito información.

Espero que + subjuntivo: construcción que expresa un deseo de futuro.

XI

CUANDO Álex volvió al hotel, tras pasar todo el día informándose acerca de Hotu Matua, el primer rey de Rapa Nui, y de la forma en que él y su pueblo llegaron a Isla de Pascua, se dirigió a la habitación de Rikke.

—Esta noche, a las nueve menos diez —le dijo—, Pakarati nos espera para ir al *ahu A Kivi*.

—Preferiría no ir de nuevo con ese hombre.

—Yo también, Rikke, pero es peligroso no hacerlo. Prefiero saber dónde está a tener miedo de verle aparecer **a nuestra espalda**.

—Lo sé y lo entiendo. Solo espero que tengas razón y encontremos algo.

—Lo haremos, Rikke. He estado leyendo todo lo que he encontrado acerca de la leyenda de los navegantes y después de traducir la tablilla estoy convencido. Hay algo escondido al lado de esos moáis.

—Cuéntame lo que sabes. Yo he estado todo el día enviando y recibiendo mensajes, sin tiempo para leer nada.

—Te contaré una leyenda —dijo Álex sentándose en el borde de la cama—. Un día Hotu Matua, consciente de que su país iba a ser devorado por el océano, fue en busca del sacerdote de su pueblo para pedirle consejo. Necesitaba una solución a un problema tan grave. Aquel sacerdote, llamado Hau Maka, se retiró entonces a su templo. Allí se quedó dormido y soñó. Soñó con una tierra lejana donde

---

A la espalda de alguien: detrás de alguien.

Hotu Matua crearía un reino de felicidad y armonía y le dio las instrucciones de navegación exactas al rey para llegar a ese lugar. Sin embargo, Hotu Matua, un rey prudente, no quiso **embarcar** a todo su pueblo en aquel viaje antes de confirmar que era cierto aquello que había soñado Hau Maka; así que envió una primera expedición de exploradores e incluyó en ella a dos de sus hijos, Ira y Reparenga. Los exploradores, siete jóvenes valientes, navegaron durante semanas y, finalmente, después de muchos días de miedo y desesperación en el mar, encontraron la isla. La hallaron **deshabitada** y **fértil**, dispuesta a servir de reino a Hotu Matua y los suyos. Entonces volvieron a su casa. Le anunciaron al rey su descubrimiento y este cargó en grandes barcas de caña todos los objetos de valor que poseía, obligando a su pueblo a imitarle. Así **se hizo a la mar** en busca de Rapa Nui, la isla que poco después encontró y donde su reinado fue largo y feliz. Hotu Matua guardó siempre en su corazón un enorme respeto y admiración por aquellos valientes que se habían lanzado al mar desconocido para encontrar su isla, por lo que les rindió homenaje ordenando edificar un moái para cada uno de ellos y orientándolos todos juntos hacia Hiba, el antiguo continente desaparecido, la tierra de sus ancestros. Después **sepultó** a sus pies, tal como decía el salmo de la tablilla, el objeto que encarnaba el corazón de su pueblo.

—Una bonita historia, Álex. Déjame apagar el ordenador y dentro de un rato nos vemos en el vestíbulo. Iremos en busca de ese objeto.

Aquella noche, a las nueve menos diez, volvían a estar preparados para salir, sentados a la espera de la furgoneta de Mario Pakarati. Y aquella noche, como la anterior, el pascuense llegó pocos minutos después para llevarlos.

Embarcar: subir en un barco.
Deshabitado, a: sin habitantes.
Fértil: tierra rica y buena para los cultivos.
Hacerse a la mar: salir a navegar.
Sepultar: ocultar algo bajo tierra.

—¿Les respondió alguien? ¿Saben ya cuándo tendrán la plata? ¿Saben cuánto será? —preguntó Pakarati, que parecía haber bebido, sin dejarles tiempo para contestar, cuando apenas se habían sentado en la cabina.

—Tendrá que esperar. He olvidado comentarles a los posibles compradores que usted tiene prisa por ganar dinero vendiendo los tesoros de su país —respondió Rikke, sin poder ocultar la **rabia** que se había ido acumulando en ella al leer que la propia doctora Wiesenthal les sugería vender en el mercado internacional las joyas arqueológicas pascuenses.

—Ya, *po*, señorita. Dejemos atrás el **enojo**. Hoy hacemos otra excursión para contentar al señor Álex. Mañana les envían la plata. Ustedes me pagan y se acabó el cuento. Ustedes siguen investigando sus *hueás* y yo me compro una barquita y dedico el resto de mis días a pescar como hacían mis antepasados. Todo está bien. Seamos amigos de nuevo —dijo en un tono **jocoso** que ni a Álex ni mucho menos a Rikke les hizo la menor gracia.

—Usted y yo nunca hemos sido amigos.

Mientras tanto la furgoneta seguía avanzando. Al igual que el día anterior, el **crepúsculo** les ofrecía una puesta de sol maravillosa, aunque esta vez circulaban hacia el norte y por una carretera interior que los conducía en paralelo a la costa. El viaje, en cualquier caso, tampoco esta vez fue demasiado largo, aunque sí lo suficiente para que durante el camino viesen aparecer en el cielo una enorme luna llena de color dorado cuyo tamaño y belleza parecía imposible. Era la luna más grande y hermosa que Rikke y Álex habían visto en sus vidas.

Rabia: ira, enfado contenido.

Enojo: enfado. Este término es mucho más frecuente en el español de Sudamérica que en el de España.

Jocoso, a: bromista, con gracia.

Crepúsculo: final del día, momento en que el sol se oculta en el horizonte.

Cuando llegaron al *ahu*, el sol ya solo se intuía como una mancha de rojos, violetas y dorados que explotaba en el fondo del horizonte y esa luna que los tenía asombrados **se había apoderado** del cielo haciéndose cada vez más blanca. Cuando llegaron a la plataforma ceremonial y estuvieron frente a los moáis, Pakarati detuvo el motor.

–¿Y bien? –le preguntó a Álex con ironía.

–Y bien –repitió él maquinalmente–: "*Te cantamos, Oh gran Hotu Matua, padre de todos, rey y maestro, que nos enseñaste a cultivar la tierra y guardaste a los pies de nuestros siete héroes el corazón de nuestro pueblo, tu fuerza y tu poder, por rendir homenaje a su bravura*". –Se había aprendido de memoria el salmo–. "*A los pies de nuestros siete héroes*".

Rikke, mientras tanto, había salido de la furgoneta y se había aproximado al *ahu*. A aquella hora y bajo la luz de la luna se arrepintió de no haber llevado en esa ocasión la cámara de fotos. El espectáculo resultaba tan hermoso que sintió un leve **estremecimiento**.

–¿A los pies de cuál de los siete héroes? –se preguntaba mientras tanto Álex, que había salido también de la furgoneta siguiendo los pasos de Rikke y se había acercado a su vez a la plataforma, mirando uno a uno o cada uno de sus siete imponentes moáis–. ¿De cuál de ellos?

Pakarati, a su lado, sonreía. A él todo aquello no le importaba. Parecía sentirse de muy buen humor. Tanto que seguía los pasos de Álex alrededor de los moáis imitando los movimientos del español, actuando para sí mismo en una especie de comedia en la que su borrachera –que Álex confirmó apenas lo tuvo lo suficientemente cerca como para oler su aliento– y él mismo representaban el papel de cómicos haciendo burla del investigador. A Rikke aquel espectáculo le resultaba **intolerable**, por lo que decidió apartarse hacia

---

Apoderarse: hacerse dueño de algo.
Estremecimiento: temblor leve provocado por una sensación o una emoción.
Intolerable: inaceptable, insoportable, muy desagradable.

una pequeña elevación del terreno desde donde podía tener una visión de los siete moáis sobre el fondo de la luna llena.

—¡Ahí está! —Escucharon de pronto Álex y Pakarati sorprendidos por la voz de la danesa— ¡Lo tienes debajo, Álex! —volvió a gritar desde el pequeño montículo de tierra al que había subido— Mira al suelo. El lugar indicado está bajo tus pies.

Y Álex y Pakarati, sin entender de qué hablaba, se miraron a los pies. Allí no había nada.

—Solo estoy pisando una sombra, Rikke.

—Sí, su sombra, la de los siete moáis. Ven aquí —le indicó.

Álex fue hasta allí corriendo y al llegar al lado de Rikke descubrió el extraño efecto óptico al que su amiga hacía referencia. La luz de la luna, al proyectarse sobre las figuras de piedra de los siete moáis, creaba una única sombra gigantesca que parecía unirlos a todos en un único coloso de piedra dibujado en el suelo, a cuya figura la propia plataforma que le servía de base parecía añadirle unos pies **toscos**, sí, pero unos pies, indudablemente.

—Has resuelto el misterio, Rikke. Hay que excavar —dijo Álex como desde el fondo de un sueño.

Y ambos salieron corriendo hacia la furgoneta, cogieron el pico, las palas y las linternas y, una vez más, empezaron a picar la tierra y apartarla del agujero en el lugar exacto donde el efecto óptico que habían visto hacía apenas un momento comenzaba ya a deshacerse por el cambio de orientación de la luna respecto a las figuras.

—Nada —dijo Álex cuando llevaban ya excavado un metro.

—Hay que seguir.

Continuaron hasta alcanzar cerca de un metro y medio de profundidad, y entonces tocaron algo duro. No querían emocionarse, podía ser una piedra, así que no dijeron nada, pero con muchísimo

---

Tosco, a: poco delicado, vulgar, mal definidos.

cuidado apartaron los terrones que rodeaban esa supuesta piedra hasta dejarla sola en su **lecho** de tierra.

Entonces Álex la cogió en sus manos. Aquello no era una piedra. Era un objeto duro y muy pesado, cubierto por una especie de **malla** vegetal que lo protegía. Con mucho cuidado, mientras Rikke enfocaba con su linterna, Álex retiró esa malla, que se deshizo en sus manos, y al hacerlo descubrió, bajo la luz de la linterna de su amiga, un pequeño moái dorado.

—Es un moái —dijo Rikke.

Descubren un pequeño moái dorado.

Lecho: cama, lugar sobre el que algo o alguien descansa.
Malla: tejido similar al de una red.

—No —la corrigió Álex—. Es el primer moái, el que sirvió de modelo a todos los demás. Este es el moái que trajo a Isla de Pascua Hotu Matua, el que representaba el corazón de su pueblo.

Entonces les entró un ataque de risa. Se abrazaron, se sentaron en el suelo, gritaron, y en todo ese tiempo no se dieron cuenta de que Pakarati no estaba a su lado. Cuando salieron del agujero y se dirigieron al coche, el pascuense, que ya estaba en él, se unió a ellos en su alegría, dando él también grandes voces y celebrando el hallazgo. Parecía compartir su emoción, aunque cualquiera menos **eufórico** que ellos habría podido ver que sus ojos no reflejaban la misma felicidad que los de los investigadores.

—Vámonos de aquí, Pakarati. Arranca —le dijo Álex—. Este es el mayor descubrimiento arqueológico de nuestro siglo.

—Ya, *po* —dijo el pascuense, a quien parecía habérsele pasado la borrachera de pronto—. Lo celebraremos en la ciudad.

Pero, al intentar arrancar la furgoneta, esta no hizo contacto. El motor no se ponía en marcha. Rikke y Álex continuaban mirando el moái, alumbrándolo con sus linternas y quitándole las pequeñas **motas** de polvo que había todavía en su superficie con los pinceles que Rikke llevaba en su mochila. No podían estar seguros, pero tenían la impresión de que estaba tallado en oro.

—¿Cómo es posible? —se preguntaba Rikke—. No hay oro en Rapa Nui.

—Pero sí conocían el oro los incas, Rikke. A lo mejor hemos encontrado la pista que buscabas.

Únicamente Pakarati parecía darse cuenta de que la furgoneta no funcionaba y solo él bajó del vehículo para revisar su motor. Por eso, tanto Álex como Rikke se sorprendieron cuando volvió a abrir la puerta con rostro **sombrío** y dijo:

Eufórico, a: en estado de euforia o alegría extrema.

Mota: parte muy pequeña de cualquier material que se encuentra sobre un objeto más grande y lo hace parecer sucio.

Sombrío, a: muy serio, por tristeza o por enfado.

—Lo siento, pero tendremos que dejar la fiesta para mañana. Algo le ocurrió a la furgoneta y no arranca.

—No puede ser —se indignó Álex, temiéndose de pronto alguna **estratagema** del pascuense.

Entonces bajó él también a revisar el motor y lo mismo hizo Rikke, pero el español no sabía nada de motores y la danesa, a quien ni siquiera le gustaba conducir, sabía menos que él.

—¿Qué ha hecho usted? —le preguntó Rikke a Pakarati—. Antes funcionaba.

—No hice nada, señorita ¿Cómo puede creer eso? Si yo estoy feliz, como ustedes. Yo también quiero ir a la ciudad, pero se rompió el motor. No sé qué pasó —dijo en tono **compungido**—. Creo que tendremos que pasar acá la noche. Mañana, a primera hora, comenzarán a llegar **buses** cargados de turistas y entonces pediremos que nos lleven. No podemos hacer otra cosa.

Ni Álex ni Rikke creyeron a Pakarati, pero no podían hacer otra cosa que aceptar la situación. No le tenían miedo al pascuense. Eran dos y allí, en la soledad del interior de la isla, él no podría hacer nada contra ellos mientras ellos tuvieran el moái dorado en su poder. Así que aceptaron con **resignación** que tendrían que esperar y **se dispusieron** a pasar la noche en la furgoneta sin dormirse. Uno de ellos se mantendría despierto en todo momento. **Se turnarían** para dormir, de ese modo Pakarati sería inofensivo.

Así pasaron las primeras tres o cuatro horas de la noche. Ellos dos hablaban. Pakarati parecía escucharlos a veces y otras veces

---

Estratagema: estrategia que se lleva a cabo engañando al contrario para obtener ventaja sobre él.

Compungido, a: triste, lastimoso.

Bus: costumbre cada vez más extendida en todos los países de habla hispana de acortar la palabra autobús empleando tan solo su sílaba final: bus/buses, en plural.

Resignación: aceptación de algo desagradable contra lo que parece imposible hacer nada.

Disponerse: prepararse.

Turnarse: hacer algo de forma consecutiva, uno después de otro.

cerraba los ojos como intentando dormir. Pero siguieron pasando las horas. La conversación se agotó. Llegó el cansancio. En un momento determinado el silencio se apoderó de la cabina de la furgoneta. Eso fue lo que escuchó Rikke, el silencio. Un silencio excesivo y poco natural en un vehículo donde había tres personas. Y eso fue lo que la despertó de su sueño **sobresaltada**. Se había dormido. Miró a Álex. ¡Se habían dormido los dos y Pakarati no estaba con ellos!

—¡Álex! —gritó, haciendo que el español diera un salto que le hizo estrellar su cabeza contra el techo del vehículo—. ¿Tienes el moái?

—No —acertó a responder él, sin darse cuenta del significado de su respuesta—. ¡No! —repitió, **desolado**, un instante después reaccionando—. ¿Dónde está Pakarati?

En el mismo momento en que hacía la pregunta tanto él como Rikke abrieron las puertas y salieron del vehículo, pero allí no había nadie. No había nada más que el *ahu*, el agujero que ellos mismos habían excavado y un bulto semiescondido tras la plataforma ceremonial donde descansaban los moáis.

—¿Qué es eso? —preguntó Rikke acercándose al *ahu*.

—No lo sé —respondió Álex, que caminaba a su lado y un momento después reconoció en ese bulto los pies de una persona tumbada en el suelo—. Debe ser Pakarati que ha dormido ahí —dijo—. Estaba borracho.

—No —dijo Rikke, que fue la primera en llegar al lugar desde donde se veía el cuerpo en su totalidad—. Es Make Make, el ayudante de la doctora Wiesenthal. Y está muerto.

Entonces escucharon un motor aproximándose.

Sobresaltado, a: asustado.
Desolado, a: muy triste.

XII

APENAS se dieron cuenta de que aquello que escuchaban era el motor de un coche, Álex y Rikke comenzaron a correr hacia la carretera haciendo gestos para llamar la atención del conductor.

—¡Deténgase, por favor! —gritaban.

Había tenido lugar un **asesinato**, que ninguno de los dos entendía, pero un asesinato, y el asesino había huido. Había que avisar a la policía inmediatamente. Cuando se dieron cuenta de que el conductor los había visto y se dirigía hacia ellos, dejaron de correr y trataron de recuperar el aliento. Irían en ese automóvil al puesto de carabineros más cercano. Sin embargo, cuando el coche alcanzó a estar tan cerca de ellos que ya podían ver el rostro de su conductor, Álex lo reconoció a través del cristal.

—¡Es Mauricio Rojas, Rikke! ¡Corre! —exclamó—. Ayer por la noche lo vi discutiendo con Pakarati en la calle. Son socios en esto. Viene a matarnos a nosotros también.

Y Rikke y Álex iniciaron de nuevo una carrera, esta vez **frenética** y en dirección opuesta a la anterior, temiendo que, si Rojas los alcanzaba, los mataría. Corrieron primero hacia el *ahu*, vieron el cadáver de Make Make y casi saltaron sobre él para seguir corriendo,

---

Asesinato: muerte violenta de una persona a manos de otra.
Frenético, a: alocado.

pero el coche se acercaba cada vez más y decidieron dirigirse hacia un área de descanso para turistas poblada de palmeras y con algunas sillas y mesas de madera que se encontraba cerca de los moáis, bajando por un desnivel que el coche no podría atravesar. Pero, al bajar por ese desnivel, Álex tropezó, escuchó cómo le **crujía** el tobillo y se quedó tumbado en el suelo después de lanzar un grito de dolor.

Rikke, que no había mirado atrás hasta entonces, se giró al escuchar el grito y vio a Álex en el suelo, observó que el coche se aproximaba a él y armándose de valor regresó hasta donde su amigo estaba tirado para intentar protegerlo. El coche por fin los alcanzó y Mauricio Rojas, que era efectivamente su conductor, salió de él. Llevaba en la cintura del traje una pistola guardada y su mirada seguía siendo tan amenazadora como siempre. Por eso sus palabras sonaron tan extrañas.

—¿Se hizo daño, López? ¿Por qué corrían?

—¿Qué quiere de nosotros, asesino? Su amigo ya se ha llevado el moái dorado. No tenemos nada —gritó Rikke.

—¿Mi amigo? —preguntó Rojas confundido. Y entonces pareció comprender algo de lo que hasta entonces no se había dado cuenta y empezó a reírse—. Usted se refiere a Mario Pakarati... Mi amigo —volvió a reír.

—Si no tuviera el tobillo roto, le enseñaría a reírse de nosotros, ladrón miserable —dijo Álex, lleno de **furia**, desde el suelo.

—Creo que ustedes están en un error. Mi nombre es Mauricio Rojas, soy un agente del cuerpo de carabineros especializado en la protección del patrimonio histórico de Chile y he venido a buscarlos para llevarlos a su hotel. Mario Pakarati fue detenido esta mañana en el aeropuerto de la ciudad llevando consigo un objeto muy valioso que imagino ya conocen.

—¿Carabinero, usted? ¿Y qué hacía en el seminario de la doctora

---

Crujir: hacer un ruido seco.
Furia: enfado extremo y violento.

Wiesenthal? ¿Por qué estuvo hablando anoche con Pakarati debajo de mi ventana? –dijo Álex absolutamente confundido.

–Creo que lo mejor será que vayamos a ver a un médico para que le arregle esa pierna. De camino a Hanga Roa, si ustedes lo desean, les **pondré al corriente** de algunas cosas que parecen desconocer todavía. Aunque debo decirle que me confunde usted con otra persona. Probablemente con esa persona cuyo cuerpo acabo de ver a los pies de los moáis. Si como imagino es Make Make, su error es comprensible. Los dos somos bajitos y quizás demasiado corpulentos.

Álex y Rikke se miraron. ¿Sería un **truco** para asesinarlos sin resistencia? ¿Tenían otra opción aparte de subir al coche con ese hombre armado? Finalmente cedieron y aceptaron la invitación, aunque muertos de miedo.

Poner al corriente: actualizar la información.
Truco: engaño, generalmente relacionado con la magia.

XIII

EL miedo con el que habían subido al coche tardó muy poco en desaparecer. Apenas se sentaron en sus asientos, el agente Rojas tomó el micrófono de la emisora que tenía instalada en su interior y avisó a la comisaría de Hanga Roa de la presencia del **cadáver** de Make Make junto al *ahu*. Cuando le dijeron que en unos minutos llegarían hasta el lugar una ambulancia y otros coches de los carabineros para hacerse cargo del cuerpo, él dijo que esperaría y empezó a hablar con Álex y Rikke.

–Déjenme aclararles algunas cosas –comenzó–. Como ustedes ya saben, asistí a aquellas conferencias. Lo que no saben es que fui allá persiguiendo a Make Make. Ese *hueón* era un estafador profesional. Pakarati, su cómplice, tan solo una herramienta en sus manos. Cuando supimos que Make Make había conseguido ganarse la confianza de la doctora Wiesenthal, empezamos a sospechar que tramaba algo sucio, aunque nunca imaginamos que esta sería su última aventura y tampoco sabíamos cómo quería utilizar a la profesora.

–Pero ella –dijo Rikke, que comenzaba a comprender algunas cosas– nos propuso ocultar la tablilla y el pergamino a las autoridades. Fue ella quien nos dijo que lo mejor era venderlas. Debe estar involucrada.

–En realidad no fue ella –dijo el policía–. Aprovechándose de sus funciones como asistente de la doctora, Make Make se hizo pasar

---

Cadáver: cuerpo de un muerto.

por ella para convencerles a ustedes de lo que él y Pakarati querían. La pobre doctora fue la primera víctima en todo esto. Lo pasó muy mal cuando supo cómo había sido utilizado su nombre por los estafadores y por ustedes mismos, que han llenado Internet de ofertas de unas falsificaciones que se supone que ella **avala**.

—¿Eran falsas la tablilla y el pergamino? —preguntó a su vez Álex, que, aunque sentía mucho dolor, no podía dejar de prestar atención a lo que Rojas les contaba mientras conducía, ahora que otros policías habían llegado para encargarse del cadáver de Make Make—. ¡Eso es imposible! Si encontramos el moái dorado, fue gracias a esa traducción.

—La tablilla era falsa, pero no una invención, ¿*cachai*? —aclaró el policía—. La tablilla que ustedes encontraron, bueno, mejor dicho, que les hicieron encontrar, era la reproducción casi exacta de otra, de una real, que se encuentra en el Museo Británico. Y la traducción era tan solo un intento de traducción de la doctora. Un ejercicio de cuyo acierto no estaba segura en absoluto. Por eso no se había atrevido a publicarlo nunca y lo guardaba en su cuaderno de notas. Make Make robó de su despacho ese cuaderno, donde la doctora había escrito la tabla de signos que ustedes han tenido en sus manos, y lo copió sobre un pergamino falsificado que envejeció para engañarlos a ustedes. En realidad, la única razón por la que creo que la profesora Wiesenthal no les denunciará por el uso de su nombre es porque demostraron sin saberlo que su traducción era correcta.

—¿Y quién entró en nuestras habitaciones, Pakarati o Make Make? —preguntó Rikke.

—En realidad fui yo. Les pido disculpas. El día que llegué siguiendo a Pakarati quise saber hasta qué punto habían **caído ustedes en las redes** de los estafadores. Necesitaba saber si habían traído plata para pagarles, si estaba alguno de ustedes comprometido con ellos de algún modo.

Avalar: hacerse responsable de algo, puede ser un crédito bancario o una teoría científica.
Caer en la red: en lenguaje figurado, dejarse engañar.

—Pues es usted bastante **descuidado** en su trabajo, señor Rojas. Yo pensé que estas cosas la policía las hacía con mayor discreción —apuntó Rikke.

—En realidad lo dejé todo desordenado **a propósito**. Cuando supe que eran inocentes quise alertarlos. No podía decirles lo que estaba ocurriendo, pero sí ayudar a impedir que les engañasen. Quería provocar sus sospechas.

El agente Rojas los lleva al hospital.

Descuidado, a: poco cuidadoso.

A propósito: en este contexto, con una intención.

Lecturas en español de ENIGMA Y MISTERIO

—¿Y fue usted también quien estuvo en la cueva de Anakai Tangata mientras nosotros excavábamos en busca de la tablilla? —preguntó Rikke.

—No, ese no fui yo —dijo Rojas extrañado—. Ese día yo estaba en la ciudad, vigilando los pasos de Make Make.

—No lo entiendo. ¿Entonces quién fue? —preguntó la danesa mirando a Álex, que agarraba su tobillo a punto de llorar de dolor y no supo qué contestar.

—Después de tantos años en la policía solo aprendí una verdad, señorita Rasmussen. Los misterios nunca se resuelven completamente. Y no se preocupe, López. —El policía se dirigió a Álex mirándolo por el espejo—, llegaremos al hospital *al tiro*.

—Nos lo ha contado casi todo hasta ahora, señor Rojas, pero no nos ha dicho por qué mató Pakarati a su socio, ni si el moái que encontramos es tan valioso como nosotros creíamos.

—Lo es. Tanto que fue ese moái la causa de la muerte de Make Make. Según confesó Pakarati, mientras ustedes permanecían celebrando su descubrimiento dentro del agujero, él envió un mensaje de aviso sobre lo que habían encontrado a Make Make con su **teléfono celular**. Después **averió** el auto y cuando ustedes se durmieron, él les quitó el moái y esperó la llegada de su **cómplice**. Cuando Make Make vio el moái dorado, quiso convencer a Pakarati de que esa parte del botín no le correspondía a él. Que su trabajo y su recompensa se limitaban a la estafa que ya tenían planeada para ustedes. Le entró la **codicia**. Pakarati se enojó. Pensó, con razón, que Make Make quería estafarlo también a él. Pelearon y Pakarati, más fuerte, lo golpeó con el moái y lo mató.

Así llegaron por fin al hospital.

Teléfono celular: nombre que recibe el teléfono móvil en la mayor parte de Sudamérica.
Averiar: inutilizar, romper una máquina para que no funcione.
Cómplice: compañero en la realización de un delito.
Codicia: deseo de acumular cosas de valor sin compartirlas.

EPÍLOGO

RIKKE y Álex volvieron a ver a Rojas un par de veces al ir a prestar declaración a la comisaría. No fueron acusados de intento de robo del patrimonio nacional chileno porque el juez entendió que habían sido engañados y que el engaño les había obligado a actuar como lo hicieron. Además, la doctora Wiesenthal finalmente no los había demandado.

Álex estuvo dos semanas con la pierna **escayolada** y Rikke se quedó con él en la isla durante todo ese tiempo. Juntos siguieron trabajando después en el reportaje, y juntos continuaron investigando hasta el último rincón de la Isla de Pascua. Un día, cuando volvían de contemplar la puesta de sol en la playa de Anakena, al norte de la isla, Rikke, muy seria, le pidió a Álex que entrase un momento en su habitación.

—Tengo que contarte algo muy importante –dijo– y he preferido esperar a verte totalmente recuperado antes de hacerlo.

Álex se preocupó. La miró **sin saber a qué atenerse** y se sentó en la cama.

—Tú dirás, Rikke.

—Bien –se explicó ella–, un día te dije que a mí me gustaban las chicas, ¿lo recuerdas?

—Sí. Lo recuerdo.

—Me alegro –aseguró ella–. Lo que no te dije ese día –continuó, dejando que se le escapara la risa entre los labios– es que me gustan mucho más los chicos.

Álex la miró a los ojos. Eran grises, casi transparentes. También él se rió.

Escayolado, a: cubierto de escayola para inmovilizarlo.
Sin saber a qué atenerse: sin saber lo que ocurrirá respecto a algo.

DESPUÉS DE LA LECTURA
PRIMERA PARTE

COMPRENSIÓN LECTORA

1. Marca las siguientes afirmaciones como verdaderas (**V**) o falsas (**F**), según lo que has leído en los seis primeros capítulos.

		V	F
I. *a.*	Rikke y Álex se conocieron en un día de lluvia.	☐	☐
b.	La doctora Wiesenthal cree que los moáis los construyeron los extraterrestres.	☐	☐
II. *a.*	Rikke piensa que Álex es un charlatán.	☐	☐
b.	Álex se tropieza con Make Make al despedirse de Rikke.	☐	☐
III. *a.*	Rikke piensa que los incas navegaron hasta Isla de Pascua.	☐	☐
b.	Pakarati es un amigo de Álex.	☐	☐
IV. *a.*	Rikke y Álex tardaron dos meses y medio en preparar su viaje a Isla de Pascua.	☐	☐
b.	Álex considera que Rikke no sabe hacer fotografías.	☐	☐
V. *a.*	Mauricio Rojas se justifica ante Álex y Rikke hablando del aumento de población de Isla de Pascua.	☐	☐
b.	Rikke y Álex comparten habitación la noche en que descubren que alguien ha entrado en sus habitaciones.	☐	☐
VI. *a.*	Rikke desconfía de Pakarati.	☐	☐
b.	Álex y Rikke aceptan acompañar a Pakarati esa noche.	☐	☐

2. Elige las respuestas acertadas después de leer los capítulos VII hasta el final.

VII. 1. Pakarati lleva a Álex y a Rikke a:
   ☐ *a)* la ciudadela de Orongo.
   ☐ *b)* una playa solitaria.
   ☐ *c)* una cueva en la ladera de un volcán.

2. Cuando entran en la segunda galería:

☐ *a)* Álex va el primero y pide a los otros que le sigan.

☐ *b)* Rikke piensa que es muy estrecha y que no podrán pasar.

☐ *c)* Pakarati se queda atascado en la entrada.

VIII. 1. Cuando comienzan a excavar:

☐ *a)* Rikke utiliza el pico y Álex la pala.

☐ *b)* Rikke utiliza la pala y Álex el pico.

☐ *c)* Pakarati se ofrece a excavar él.

2. Cuando encuentran la tablilla y el pergamino:

☐ *a)* los tres comienzan a dar saltos de alegría.

☐ *b)* Pakarati saca una pistola y dice que es suya.

☐ *c)* escuchan ruidos y se quedan en silencio y a oscuras.

IX. 1. Después de subir a la habitación de Rikke:

☐ *a)* Rikke y Pakarati se hacen amigos.

☐ *b)* Pakarati se muestra amenazador.

☐ *c)* Álex decide que no merece la pena investigar más.

2. Cuando Álex se va a su habitación:

☐ *a)* se queda dormido inmediatamente.

☐ *b)* enciende la televisión y ve una película.

☐ *c)* se asoma a la ventana y ve las sombras de dos personas que discuten.

X. 1. La contestación de la doctora Wiesenthal dice:

☐ *a)* que la tablilla y el pergamino son auténticos.

☐ *b)* que las fotos que le han enviado son muy malas.

☐ *c)* que deberían entregar la tablilla y el pergamino a las autoridades.

2. Cuando Álex baja el vestíbulo del hotel:

☐ *a)* se encuentra a Pakarati de mal humor.

☐ *b)* se encuentra a Pakarati de buen humor.

☐ *c)* se encuentra a Pakarati desayunando.

continúa ➡

XI. 1. Después de llegar al *ahu A Kivi*:
- ☐ *a)* Pakarati señala el lugar donde deben excavar.
- ☐ *b)* Álex encuentra un moái dorado tirado en el suelo.
- ☐ *c)* Rikke ve en el suelo la sombra de un moái gigante.

2. Después de encontrar el moái dorado:
- ☐ *a)* los tres se suben a la furgoneta y vuelven a Hanga Roa.
- ☐ *b)* se suben a la furgoneta y la furgoneta no arranca.
- ☐ *c)* se suben a la furgoneta y tienen un accidente en el camino de vuelta.

XII. 1. Álex y Rikke ven un coche que se acerca. El coche lo conduce:
- ☐ *a)* Mauricio Rojas.
- ☐ *b)* Make Make.
- ☐ *c)* Pakarati.

2. Mauricio Rojas:
- ☐ *a)* es el asesino de Make Make.
- ☐ *b)* es un carabinero y viene a buscarlos.
- ☐ *c)* es el cómplice de Pakarati.

XIII. 1. Mauricio Rojas les cuenta en el coche que:
- ☐ *a)* Make Make desordenó sus habitaciones.
- ☐ *b)* él los siguió e hizo ruido en la cueva de Anakai Tangata.
- ☐ *c)* la tablilla era la reproducción falsa de otra auténtica que estaba en el Museo Británico.

2. El moái dorado:
- ☐ *a)* era falso y no tenía valor.
- ☐ *b)* era auténtico y fue la razón de la muerte de Make Make.
- ☐ *c)* Era auténtico, pero Make Make no lo quería.

Epílogo

1. Una vez solucionado el misterio:
- ☐ *a)* Álex y Rikke permanecen en la isla y siguen investigando.
- ☐ *b)* Álex y Rikke se van a Santiago de Chile y se separan.
- ☐ *c)* Álex y Rikke se pelean y no vuelven a verse.

2. Al final de la novela:
- ☐ *a)* Álex le pide a Rikke que se case con él.
- ☐ *b)* Mauricio Rojas le declara su amor a Rikke.
- ☐ *c)* Rikke le insinúa a Álex que le gusta.

Lecturas en español de ENIGMA Y MISTERIO

SEGUNDA PARTE

GRAMÁTICA Y VOCABULARIO

1. Completa las siguientes oraciones utilizando las preposiciones *por* y *para*.

a) Álex consiguió un billete de avión .... Rikke.

b) Make Make quiso quedarse el moái dorado .... codicia.

c) Álex abandonó sus estudios .... su interés en la historia de África.

d) Álex y Rikke viajaron a Isla de Pascua .... investigar sus tesoros arqueológicos.

e) La doctora Wiesenthal pensó en demandar a los protagonistas .... haber utilizado su nombre.

f) Pakarati fue detenido .... la policía.

g) Make Make aprovechó la confianza de la profesora .... acceder a su dirección de correo electrónico.

h) Álex vio dos sombras al asomarse .... la ventana de su habitación.

i) .... Rikke, Pakarati siempre fue un estafador.

j) Mauricio Rojas entró en las habitaciones .... comprobar si Álex y Rikke eran cómplices de Make Make y Pakarati o si se habían dejado engañar .... ellos.

2. Sustituye los tiempos verbales en negrita para transformar este diálogo en una narración en estilo indirecto.

— ¿**Estás** en Santiago de Chile para quedarte aquí o **tienes** pensado viajar a Isla de Pascua?

— No **entiendo** por qué **puede** importarte.

Álex le preguntó a Rikke si .... en Santiago de Chile para quedarse allí o .... pensado viajar a isla de Pascua. Rikke le contestó que no .... por qué .... importarle.

2.1. ¿Qué otros elementos, aparte de los tiempos verbales, han cambiado al transformar el diálogo al estilo indirecto? ¿Podrías explicar por qué?

....

....

2.2. Ahora piensa que eres el conserje del hotel donde se hospedaban los dos investigadores. La policía te pide una declaración para el juicio contra Pakarati. El día que la doctora Wiesenthal contestó al *mail* de Rikke tú estabas en el vestíbulo y escuchaste una parte de la conversación entre Álex y el acusado. Ahora tienes que contar ese fragmento de conversación. Hazlo utilizando el estilo indirecto. Esto fue lo que escuchaste:

PAKARATI: Buenos días.
ÁLEX: Bueno días.
PAKARATI: ¿Respondió la señora?
ÁLEX: Sí. Ha respondido. La tablilla y el pergamino son auténticas y las hemos puesto a la venta. No lo he discutido todavía con Rikke, pero estoy seguro de que ella como yo piensa que lo correcto es pagarle a usted la mitad de lo que cobraremos por la exclusiva y la venta.
PAKARATI: Yo sabía que podía confiar en ustedes.

....

....

....

....

3. En el siguiente fragmento, sustituye los verbos en infinitivo por tiempos verbales en una forma de pasado: indefinido o imperfecto.

"[...] Según **(confesar)** .... Pakarati, mientras ustedes **(permanecer)** .... celebrando su descubrimiento dentro del agujero, él **(enviar)** .... un mensaje de aviso sobre lo que habían encontrado a Make Make con su teléfono celular. Después **(averiar)** .... el auto y cuando ustedes **(dormirse)** ...., él les **(quitar)** .... el moái y **(esperar)** .... la llegada de su cómplice. Cuando Make Make **(ver)** .... el moái dorado, quiso convencer a Pakarati de que esa parte del botín no le **(corresponder)** .... a él. Que su trabajo y su recompensa **(limitarse)** .... a la estafa que ya **(tener)** .... planeada para ustedes. Le **(entrar)** .... la codicia. Pakarati **(enojarse)** ...."

4. Subraya la forma verbal conjugada correctamente de los siguientes verbos irregulares.

conducir	➡	condució/conduzó/condujo
decir	➡	dició/dizo/dijo
aborrecer	➡	aborrezo/aborrego/aborrezco
introducir	➡	introdujo/introdució/introdugo
seguir	➡	seguió/siguió/sigüenza
sonreír	➡	sonrió/sonreió/sonajero
mentir	➡	mentió/mentó/mintió
oír	➡	oigueron/oyeron/oieron
ir	➡	irieron/ireron/fueron
caber	➡	cabo/capo/quepo

4.1. Completa con ellas las siguientes frases.

a) Álex y Rikke .... con Pakarati a buscar la tablilla y el pergamino.

b) Yo en ese agujero no .... –dijo Rikke.

c) Rikke .... las manos en el agujero para extraer la tablilla.

d) Pakarati .... a los investigadores acerca de su pasado.

e) Cuando estaban en la cueva de Anakai Tangata, los investigadores .... ruidos extraños.

f) Aquella noche, Pakarati .... la furgoneta por una carretera paralela a la costa hasta el *ahu A Kivi*.

g) Cuando Rikke dijo que le gustaban mucho más los chicos que las chicas, Álex ....

h) Mauricio Rojas .... a Pakarati desde Santiago de Chile hasta la isla.

i) ¡............. a los coleccionistas privados! –dijo Rikke.

j) Pakarati .... que él mismo había desenterrado la tablilla cuando todavía era un niño.

5. Relaciona las siguientes expresiones y palabras frecuentes en el habla coloquial de Chile con sus equivalentes en el español de España:

CHILE		ESPAÑA	
A. ¿Cachai?	**F.** Al tiro	**1.** Bonito	**6.** Cosa
B. Po	**G.** No más	**2.** Hablar	**7.** Pues
C. Hueá	**H.** Lindo	**3.** Comida	**8.** Autobús
D. Micro	**I.** Platicar	**4.** ¿Entiendes?	**9.** Rápido
E. Almuerzo	**J.** Acá	**5.** Aquí	**10.** Tan solo

TERCERA PARTE

EXPRESIÓN ORAL

1. En la historia que has leído, Álex y Rikke son dos profesionales que abandonan sus países para pasar su vida viajando por motivos de trabajo. ¿Harías tú lo mismo? ¿Podrías vivir durante años alejado de tu familia y amigos por un trabajo apasionante? ¿Qué tendría que aportarte ese trabajo? Coméntalo con tus compañeros/as de clase.

2. Uno de los principales misterios que todavía se discuten acerca de Rapa Nui es cómo pudieron los nativos de la isla mover esas grandes piedras, los moáis, desde el lugar donde los fabricaban hasta los distintos *ahu* repartidos por toda la isla. ¿Cómo crees tú que lo hicieron? Haced pequeños grupos en clase y debatidlo.

3. Otro de los asuntos que se debate en la novela es la posibilidad de que investigadores de determinados países vayan a otros países, descubran sus tesoros arqueológicos y en vez de dejárselos a las autoridades locales los vendan o se los lleven a su propio país. ¿Conoces casos similares? ¿Qué piensas acerca de esos casos? Comentadlo en clase.

CUARTA PARTE

EXPRESIÓN ESCRITA

1. Imagina que eres Álex y estás delante de tu ordenador el día que todo llega a su desenlace. Quieres contarles a los lectores de tu *blog* lo que te ha sucedido en los últimos días, pero te duele mucho el tobillo, así que solo te apetece escribir unas pocas líneas resumiéndolo todo. ¿Cómo lo harías?

2. Piensa por un momento que trabajas en el periódico local de Hanga Roa. Te enteras de la noticia del cadáver encontrado en el *ahu A Kivi* y del descubrimiento del moái dorado muy tarde, a las dos de la madrugada. Tienes que elegir un titular para la portada del día siguiente y tienes poco tiempo. ¿Elegirías el asesinato de Make Make o el hallazgo del moái? Redacta un titular para cada opción.

3. Sin duda, Álex y Rikke no olvidarán nunca su viaje a Isla de Pascua por todas las cosas interesantes que les ocurrieron estando allí. ¿Qué lugar del mundo es inolvidable para ti? ¿Cuándo estuviste en él? Descríbelo brevemente y compáralo con los lugares que son inolvidables para tus compañeros/-as de clase.

4. ¿Te ha gustado esta historia? ¿Hay algo en ella que te gustaría discutir con su autor? Escríbele un *mail* –en español, recuerda– y hazle saber tu opinión sobre el libro: *escribaria@yahoo.es*

SOLUCIONARIO

DESPUÉS DE LA LECTURA
Comprensión lectora

1. I. a. F, b. F; II. a. V, b. F; III. a. V, b. F; IV. a. F, b. F; V. a. F, b. F; VI. a. V, b. V.

2. VII. I. c, 2. b; VIII. I. a, 2. c; IX. I. b, 2. c; X. I. a, 2. b; XI. I. c, 2. b; XII. I. a, 2. b; XIII. I. c, 2. b; Epílogo I. a, 2. c.

Gramática y vocabulario

1. a. para; b. por; c. por; d. para; e. por; f. por; g. para; h. por; i. Para; j. para/por.

2. estaba / tenía / entendía / podía.

2.1. Adverbios de lugar (aquí/allí); pronombres personales (te/se; te/le).

2.2. Respuesta libre.

3. confesó / permanecían / envió / averió / se durmieron / quitó / esperó / vio / correspondía / se limitaban / tenían / entró / se enojó.

4. condujo, dijo, aborrezco, introdujo, siguió, sonrió, mintió, oyeron, fueron, quepo.

4.1. a. fueron; b. quepo; c. introdujo; d. mintió; e. oyeron; f. condujo; g. sonrió; h. siguió; i. Aborrezco; j. dijo.

5. A. 4; B. 7; C. 6; D. 8; E. 3; F. 9; G. 10; H. 1; I. 2; J. 5.

TÍTULOS DE LA COLECCIÓN